7天搞定雅思高频核心词

新东方考试研究中心 / 编著

浙江教育出版社·杭州

图书在版编目(CIP)数据

7天搞定雅思高频核心词 / 新东方考试研究中心编著. -- 杭州 : 浙江教育出版社, 2018.1（2019.10重印）
ISBN 978-7-5536-5034-0

Ⅰ. ①7… Ⅱ. ①新… Ⅲ. ①IELTS－词汇－自学参考资料 Ⅳ. ①H313

中国版本图书馆CIP数据核字(2016)第262754号

7天搞定雅思高频核心词
7 TIAN GAODING YASI GAOPIN HEXIN CI
新东方考试研究中心 **编著**

责任编辑 罗 曼
美术编辑 韩 波
封面设计 大愚设计
责任校对 马立改
责任印务 时小娟
出版发行 浙江教育出版社
地址：杭州市天目山路40号
邮编：310013
电话：（0571）85170300 - 80928
邮箱：dywh@xdf.cn
网址：www.zjeph.com
印　　刷 三河市良远印务有限公司
开　　本 710mm×1000mm 1/16
成品尺寸 110mm×168mm
印　　张 5.5
字　　数 107 000
版　　次 2018年1月第1版
印　　次 2019年10月第8次印刷
标准书号 ISBN 978-7-5536-5034-0
定　　价 15.00元

前 言

雅思考试注重考查考生对英语的实际运用能力，对词汇的掌握和运用更是提出了高要求。攻克雅思词汇至关重要的一步在于选择一本好的词汇书，本书或许恰好是你正在寻找的那本词汇书。本书具有以下优势：

科学选词，全面收录核心词汇

本书通过精析历年雅思考试，基于每场考试的真实考情，对考题中出现的高频词汇进行科学的筛选，共收录约3500个核心词汇，并有针对性地给出了同义词和派生词。

书本瘦身，随时随地记忆单词

本书以口袋书的形式涵盖雅思考试高频核心词汇，方便携带，帮助考生利用零散时间，随时随地巩固记忆。另外，本书采用双色排版，标注清晰，考生可获得愉悦的学习体验，提高学习效率。

优化记忆，提供7天记忆方案

很多考生在复习雅思考试的同时，往往还需要兼顾其他考试，在时间上较为紧张，因此合理规划和利用时间就尤为关键。本书基于艾宾浩斯遗忘曲线规律，专门给出了具体的7天记忆方案（详见使用说明），希望通过对该记忆方案的严格执行，考生能够在较短的时间内打下牢固的词汇基础。

对本书词汇的记忆仅限于掌握每个单词的基本含义，至于这些单词的用法和深层含义则必须通过大量的阅读和真题的训练才能真正全面地了解，千万不能指望背单词就能够解决所有问题。还需提醒考生注意的是，不要一次对一个单词花费太多时间，而要把时间花在对单词的反复记忆上。在雅思考试中，尤其是阅读题，对单词的测试要求是认知性的，达到两个程度即可，第一，认识看到的单词；第二，知道单词的中文释义。对于单词的发音、拼写、同义词和变形词则在有多余精力的条件下，根据考生个人的需求再去顾及。

通过严格遵照本书提出的7天学习记忆方案，考生可在7天的时间内初步完成对本书所有核心词汇的学习，但任何人都会有一定比例的单词是难以记住的，如果到了第5天还是记不住某个单词，可以找个小本子记录下来，以便于随时记单词。请考生注意，每次复习时都应遮住中文释义，只看英文来回忆单词的意思。如果遮住中文释义，想不出来或者记错了英文释义，就说明这个单词没记住，需要重点记忆。由于记忆量比较大，请考生坚持，不要泄气，随着复习遍数的增多，复习的速度也会越来越快。

最后，祝愿每位考生都能取得理想的成绩。

编　者

德国著名的心理学家艾宾浩斯对人类的遗忘现象做了系统的研究，并划出了一条著名的艾宾浩斯遗忘曲线，这条曲线表明了遗忘发展的一般规律：在识记后短期内遗忘较多，在过了较长的时间间隔后，记忆保持的分量较少了，遗忘的发展也减慢了，即说明新近形成的记忆比历时较久的记忆容易遗忘。

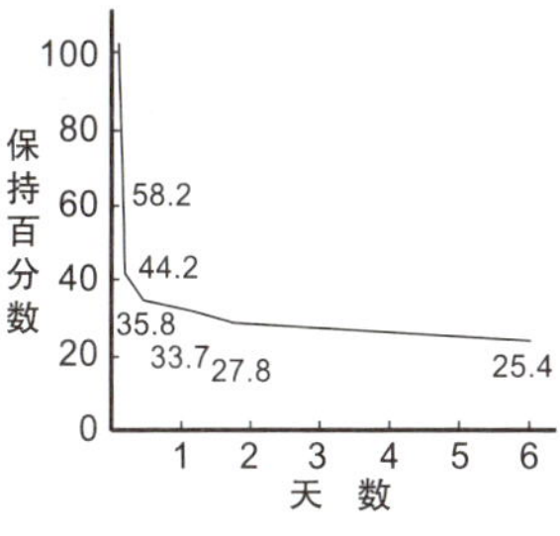

艾宾浩斯遗忘曲线

时间间隔	记忆量
刚刚记忆完毕	100%
20分钟之后	58.2%
1小时之后	44.2%
8-9小时之后	35.8%
1天后	33.7%
2天后	27.8%
6天后	25.4%
一个月后	21.1%

基于艾宾浩斯遗忘曲线规律，我们针对本书专门给出了具体的学习记忆方案：

雅思高频核心词：7天学习记忆方案

	当日背诵	当日复习1	当日复习2	当日复习3
Day 1	L1 U1~U5	L1 U1~U5		
Day 2	L2 U1~U5	L1 U1~U5	L2 U1~U5	
Day 3	L3 U1~U5	L2 U1~U5	L3 U1~U5	
Day 4	L4 U1~U5	L1 U1~U5	L3 U1~U5	L4 U1~U5
Day 5	L5 U1~U5	L2 U1~U5	L4 U1~U5	L5 U1~U5
Day 6	L6 U1~U5	L3 U1~U5	L5 U1~U5	L6 U1~U5
Day 7	L7 U1~U5	L4 U1~U5	L6 U1~U5	L7 U1~U5

复习的遍数越多，对单词就越熟悉，遗忘曲线的坡度就越小，对单词的记忆曲线也就越长。由于需要在较短时间内掌握大量单词，建议考生在7天合理安排时间，记忆这3500词，在7天结束后，也要做好复习，否则之前的努力就可能前功尽弃。

目 录

Word List 1

Unit 1

音 频

abandon /ə'bændən/ *vt.* 离弃，放弃(desert) *n.* 放纵，放任

insane /ɪn'seɪn/ *a.* 蠢极的，荒唐的；(患)精神病的，精神失常的，疯狂的

barter /'bɑːtə(r)/ *n. & v.* 物品交换，实物交易

insert /ɪn'sɜːt/ *v.* 插入，嵌入

abolish /ə'bɒlɪʃ/ *vt.* 废止，废除(法律、制度、习俗等)(exterminate)

compliment /'kɒmplɪmənt/ *vt. & n.* 赞美(praise, commendation) 派 complimentary

perimeter /pə'rɪmɪtə(r)/ *n.* 周长；周边

sedate /sɪ'deɪt/ *a.* 安静的(calm, composed)

famine /'fæmɪn/ *n.* 饥荒；饥饿；严重的缺乏

relentless /rɪ'lentləs/ *a.* 无情的，残酷的；不断的；不懈的

retort /rɪ'tɔːt/ *v.* 反驳，反击；回报

sympathy /'sɪmpəθi/ *n.* 同情；赞同，支持

accent /'æksent/ *n.* 重音；口音

deliberate /dɪ'lɪbərət/ *a.* 故意的；深思熟虑的；从容不迫的 *v.* 深思熟虑；审议

widespread /'waɪdspred/ *a.* 分布(或散布)广的；普遍的

provided /prə'vaɪdɪd/ *conj.* 倘若，只要，假如

grouchy /'graʊtʃi/ *a.* 不悦的，愠怒的(bad-tempered, petulant)

orthodox /'ɔːθədɒks/ *a.* 正统的；传统的；习惯的；东正教的

transmute /trænz'mjuːt/ *v.* 改变；(使)变化，变形，变质

specialize /'speʃəlaɪz/ *v.* 专门研究，专攻；专用于，使适应特殊目的 派 specialization

reform /rɪ'fɔːm/ *n. & v.* 改革；改善；革新 派 reformation

dizzy /'dɪzi/ *a.* 头晕目眩的，眩晕的；(使)人头晕的

gadget /'gædʒɪt/ *n.* 小巧的器械，精巧的装置；小玩意

diffuse /dɪ'fjuːs/ *v.* 散布，传播；(光等)漫射；(使气体或液体)扩散，弥漫 *a.* 扩散的，漫射的；(文章等)冗长的，难解的

burst /bɜːst/ *v.* (使)爆炸；突然发作；破裂 *n.* 爆炸

abstract /'æbstrækt/ *a.* 抽象的；抽象派的 *n.* 摘要，梗概；抽象 /æb'strækt/ *vt.* 摘要，提炼；抽象化

drill /drɪl/ *n.* 钻孔机 *v.* 训练；钻孔

irrigate /'ɪrɪgeɪt/ *vt.* 灌溉；修水利

scandal /'skændl/ *n.* 丑事，丑闻；恶意诽谤；流言蜚语；反感，愤慨

foresight /'fɔːsaɪt/ *n.* 预见，远见

premiere /'premieə(r)/ *n.* 首演，首映

rigid /'rɪdʒɪd/ *a.* 死板的；刚硬的；固定的；严格的

solicitous /sə'lɪsɪtəs/ *a.* 渴望的(avid)；焦虑的(concerned)

strain /streɪn/ *v. & n.* 拉紧，绷紧；扭伤，拉伤；(使)过劳，(使)极度紧张(stretch, tense)

significant /sɪg'nɪfɪkənt/ *a.* 重大的；效果显著的(remarkable) 派 significance

onslaught /'ɒnslɔːt/ *n.* 猛烈的攻击(charge)

hasty /'heɪsti/ *a.* 匆忙的，草率的

denial /dɪ'naɪəl/ *n.* 否认，否定；拒绝

tempt /tempt/ *vt.* 诱使(lure，entice) 派 temptation

bigoted /'bɪgətɪd/ *a.* 固执己见的(narrow-minded, intolerant)

jagged /'dʒægɪd/ *a.* 锯齿状的；(外形)参差不齐的

bend /bend/ *n. & v.* 弯曲；折叠；屈服

hire /'haɪə(r)/ *v. & n.* 租用；雇用

jostle /'dʒɒsl/ *v.* 推挤；挤开通路

intravenous /ˌɪntrə'viːnəs/ *a.* [医]静脉内的；静脉注射的

encourage /ɪn'kʌrɪdʒ/ *v.* 鼓励；助长

hatred /'heɪtrɪd/ *n.* 憎恨，仇恨

flicker /'flɪkə(r)/ *n. & vi.* 闪烁；一闪而过

overfill *v.* 装得太多，装到满溢

retreat /rɪ'triːt/ *n. & v.* 撤退；退却

frowzy /'fraʊzɪ/ *a.* 不整洁的(filthy)；臭的

laboratory /lə'bɒrətri/ *n.* 实验室，研究室

dogma /'dɒgmə/ *n.* 教条，教义，信条

discern /dɪ'sɜːn/ *v.* 目睹；洞悉；辨别(detect, distinguish)

arbitrary /'ɑːbɪtrəri/ *a.* 任意的；武断的；独裁的，专断的

派 arbitration

highlight /'haɪlaɪt/ *vt.* 强调，突出；以强烈光线照射；集中注意力于 *n.* 最精彩的部分，最重要的事件

charity /'tʃærəti/ *n.* 施舍(benevolence, altruism)；慈善事业

fuzzy /'fʌzɪ/ *a.* 有绒毛的，绒毛状的(frizzy，downy)

tough /tʌf/ *a.* 难对付的；健壮的；(肉等食物)老的

robust /rəʊ'bʌst/ *a.* 健壮的，强壮的；坚定的(sturdy, healthy)

proceed /prə'siːd/ *v.* 继续进行；开始，着手

excellent /'eksələnt/ *a.* 优秀的，杰出的(outstanding, preeminent)

extinct /ɪk'stɪŋkt/ *a.* 熄灭的；灭绝的；耗尽的

派 extinction

mediate /'miːdieɪt/ *vt.* 调停 (intercede, intervene)
派 mediation
decrepit /dɪ'krepɪt/ *a.* 破旧的；衰老的
initial /ɪ'nɪʃl/ *n.* 首字母 *a.* 开始的；最初的；首字母的
access /'ækses/ *vt.* 进入；使用 *n.* 通道，入径；机会；权利
excise /'eksaɪz/ *vt.* 切除，割去；删去
rampant /'ræmpənt/ *a.* (犯罪、疾病等)猖獗的，肆虐的，泛滥的；(植物)蔓生的，疯长的
narrate /nə'reɪt/ *v.* 叙述(describe, recount)
派 narrative; narrator
amenity /ə'miːnəti/ *n.* 生活设施；舒适
sculpture /'skʌlptʃə(r)/ *n.* 雕刻，雕刻品，雕塑
technical /'teknɪkl/ *a.* 技术的；专业的；工艺的
派 technique; technology
inquire /ɪn'kwaɪə(r)/ *v.* 询问；问明；查究
export /ɪk'spɔːt/ *v.* 出口；输出，传播 /'ekspɔːt/ *n.* 出口；输出；出口商品
missile /'mɪsaɪl/ *n.* 发射物；导弹，飞弹
improvise /'ɪmprəvaɪz/ *v.* 即席创作，临时凑成；随机应变
infer /ɪn'fɜː(r)/ *vt.* 推知(deduce, imply)，推断，猜想
辨 inferior 自卑的，下等的
candid /'kændɪd/ *a.* 坦白的，率直的
shatter /'ʃætə(r)/ *v.* (使)破碎，碎裂；给予极大打击
graphic /'græfɪk/ *a.* 绘画的；图的，图解的 *n.* 图；图形，图表
contour /'kɒntʊə(r)/ *n.* 轮廓，外形(outline, profile)；海岸线
vigor /'vɪgə(r)/ *n.* 精力，活力 派 vigorous
allot /ə'lɒt/ *v.* 分配；拨给；指派 派 allocation; allocate
flourish /'flʌrɪʃ/ *v.* 繁荣；茂盛；兴旺；健康幸福 *n.* (为引起注意的)夸张动作；修饰
diversity /daɪ'vɜːsəti/ *n.* 多样性；差异

homotherm /həuməθəːm/ *n.* 恒温动物

attend /ə'tend/ *v.* 出席，参加；随同，陪同；专心，注意

deceptive /dɪ'septɪv/ *a.* 虚伪的；骗人的(deceitful, misleading)

recession /rɪ'seʃn/ *n.* (经济的)衰退，衰退时期；撤回，退回

gush /gʌʃ/ *vi.* 涌出(effuse)

implicit /ɪm'plɪsɪt/ *a.* 暗含的；含蓄的

accustomed /ə'kʌstəmd/ *a.* 通常的；习惯的(habitual, conventional)；按照风俗习惯的

veil /veɪl/ *n.* 面纱；遮蔽物 *vt.* 蒙着面纱；掩饰

harsh /haːʃ/ *a.* 严厉的，严酷的；粗糙的，毛糙的；刻薄的；(天气或生活环境)恶劣的；刺耳的，刺目的

attitude /'ætɪtjuːd/ *n.* 态度，看法；姿势

imperial /ɪm'pɪəriəl/ *a.* 帝国的；皇帝的

host /həʊst/ *n.* 主人；东道主；主办方；大量，许多 *v.* 主办；招待

algebra /'ældʒɪbrə/ *n.* 代数

Unit 2

arduous /'aːdjuəs/ *a.* 险峻的；困难的(diffcult, strenuous, laborious, back-breaking)

protection /prə'tekʃn/ *n.* 保护 派 protective

material /mə'tɪəriəl/ *n.* 材料，原料 *a.* 物质的；有形的

poison /'pɔɪzn/ *n.* 毒，毒药 *vt.* 毒害 派 poisonous

breakdown /'breɪkdaʊn/ *n.* 垮台，倒塌，破裂；(健康、精神等)衰竭，衰弱；(机器等的)损坏，故障；分类

ignite /ɪg'naɪt/ *vt.* 使燃着(inflame, kindle)

contrary /'kɒntrəri/ *n.* 相反 *a.* 相反的；逆的

chemical /'kemɪkl/ *a.* 化学的 *n.* 化学制品

hoarse /hɔːs/ *a.* (声音)嘶哑的(husky, rough)

equate /iˈkweɪt/ *vt.* 使相等，视为同等 派 equation

gentility /dʒenˈtɪləti/ *n.* 有教养，文雅

precursor /priːˈkɜːsə(r)/ *n.* 先兆(sign)；先驱(forerunner, pioneer, ancestor)

annual /ˈænjuəl/ *a.* 每年的，年度的 *n.* 年刊，年鉴；一年生植物

archaeology /ˌɑːkiˈɒlədʒi/ *n.* 考古学

inborn /ˌɪnˈbɔːn/ *a.* 天生的，先天的，天赋的

condition /kənˈdɪʃn/ *n.* 状况，状态；［常*pl.*］环境，形势；条件，前提 *vt.* 训练；使适应，使习惯于；对…有重要影响 派 conditional

navigate /ˈnævɪgeɪt/ *v.* 航行于，行进于 派 navigation; navigable

finale /fɪˈnɑːli/ *n.* (戏剧的)最后一场；结局；终曲

infirmity /ɪnˈfɜːməti/ *n.* 虚弱，衰弱

anniversary /ˌænɪˈvɜːsəri/ *n.* 周年纪念

drawback /ˈdrɔːbæk/ *n.* 弊端(disadvantage, defect, demerit)；缺点；不利条件

internal /ɪnˈtɜːnl/ *a.* 内在的(inside, interior)

diverge /daɪˈvɜːdʒ/ *vi.* (道路，线条等)分开，岔开；(意见、观点等)分歧，相异；偏离，违背 派 divergent; divergence

opaque /əʊˈpeɪk/ *a.* 不透明的；愚钝的(obscure, vague)

kindle /ˈkɪndl/ *vt.* 激起

whimsical /ˈwɪmzɪkl/ *a.* 古怪的；异想天开的(freakish)

cite /saɪt/ *vt.* 引用，举例(mention, quote, refer to)

feasible /ˈfiːzəbl/ *a.* 可行的，可能的；可做的，可实行的(practical, possible, viable)

malady /ˈmælədi/ *n.* 疾病

harvest /ˈhɑːvɪst/ *n. & v.* 收成；收获；收割

enact /ɪˈnækt/ *v.* 制定法律；颁布；扮演

shift /ʃɪft/ *v.* 移动，转移；改变，转变 *n.* 转换，转变；轮(或换)班

epidemic /ˌepɪˈdemɪk/ *a.* 流行的，传染的 *n.* 时疫；(风尚等的)流行

boring /ˈbɔːrɪŋ/ *a.* 令人厌烦的

tedious /ˈtiːdiəs/ *a.* 冗长乏味的，沉闷的(tiresome, boring)

heterogeneous /ˌhetərəˈdʒiːniəs/ *a.* 不同种类的，异类的

herd /hɜːd/ *n.* 兽群；牧群

bunch /bʌntʃ/ *n.* 串，束

cruise /kruːz/ *v.* 航游，巡航；(出租车、船等)缓慢巡行 *n.* 航游，游弋

domestic /dəˈmestɪk/ *a.* 本国的；家庭的；驯养的
派 domesticate

initiative /ɪˈnɪʃətɪv/ *n.* 倡议，新方案；主动性，积极性；主动权

bore /bɔː(r)/ *v.* 使厌烦；钻孔 *n.* 令人讨厌的人(或事)

pray /preɪ/ *v.* 祈祷；请求，恳求

bound /baʊnd/ *n. & v.* 跳跃；限制 *a.* 一定的，必然的；束紧的，被束缚的

household /ˈhaʊshəʊld/ *n.* 家庭，户，全家人 *a.* 家庭的，家用的，普通的；家喻户晓的

bet /bet/ *v.* 赌，打赌 *n.* 打赌，赌注

simplify /ˈsɪmplɪfaɪ/ *v.* 简化，使简易 派 simplistic; simplicity

fear /fɪə(r)/ *n. & v.* 担心；害怕，恐惧

absent /ˈæbsənt/ *a.* 不在场的；心不在焉的

legend /ˈledʒənd/ *n.* 传说；传奇人物；(地图上的)图例
派 legendary

awesome /ˈɔːsəm/ *a.* 令人敬畏(或畏怯、惊叹)的；可怕的

bottom /ˈbɒtəm/ *n.* 底，底部 *a.* 底部的

tarnish /ˈtɑːnɪʃ/ *vt.* 使晦暗(darken, lose luster)；败坏(名誉)

periodical /ˌpɪəriˈɒdɪkl/ *n.* 期刊，杂志 *a.* 周期的，定期的

debris /ˈdebriː/ *n.* 残骸；废墟(residue, wreckage)

parallel /ˈpærəlel/ *n.* 可相比拟的事物(或人)，相似处；纬线 *a.* 平行的；类似的，相对应的；并行的 *vt.* 与…相似；比得上

depreciation /dɪˌpriːʃiˈeɪʃn/ *n.* 贬值

subtitle /ˈsʌbtaɪtl/ *n.* 字幕；说明；副标题 *v.* 加字幕；加副标题

boutique /buːˈtiːk/ *n.* (尤指专卖妇女用品的)小商店；饰品，奢侈品

lubricate /ˈluːbrɪkeɪt/ *v.* 润滑；加润滑油；使顺畅

begrudge /bɪˈɡrʌdʒ/ *vt.* 对…感到不满；嫉妒(grudge, envy, admire)；勉强做，不乐意地做

oppress /əˈpres/ *v.* 压迫；压抑；镇压 派 oppression

renovate /ˈrenəveɪt/ *vt.* 革新(renew, restore)
派 renovation

stimulate /ˈstɪmjuleɪt/ *vt.* 刺激；使兴奋；激发，激励
派 stimulation; stimulus

brag /bræɡ/ *vt.* 夸张(boast, talk big)

insufficient /ˌɪnsəˈfɪʃnt/ *n.* 不足 *a.* 不足的；不能胜任的

airtight /ˈeətaɪt/ *a.* 密闭的；无懈可击的

extinguish /ɪkˈstɪŋɡwɪʃ/ *v.* 熄灭；消灭；破灭；压制

frigid /ˈfrɪdʒɪd/ *a.* 严寒的(icy, freezing)；冷淡的

contaminate /kənˈtæmɪneɪt/ *v.* 污染；弄脏；感染(stain, pollute, defile)

laudable /ˈlɔːdəbl/ *a.* 值得赞美的(praiseworthy, commendable)

grandeur /ˈgrændʒə(r)/ *n.* 庄严，伟大 (magnificence)

divulge /daɪˈvʌldʒ/ *vt.* 泄露(disclose, reveal)

magnificent /mægˈnɪfɪsnt/ *a.* 壮丽的，华丽的(gallant, splendid)

dissertation /ˌdɪsəˈteɪʃn/ *n.* 学位论文；专题论文

instill /ɪnˈstɪl/ *vt.* 滴注；逐渐灌输；逐步培养(感受、思想等)

rummage /ˈrʌmɪdʒ/ *v.* 翻查，翻寻(ransack, search)

tenuous /ˈtenjuəs/ *a.* 细的；稀薄的(thin, weak)

foster /ˈfɒstə(r)/ *v.* 培养，培育(某物)(nurture, cultivate)；鼓励，促进；领养 *a.* 收养的

meticulous /məˈtɪkjələs/ *a.* 重视细节的；谨小慎微的
派 meticulously

slip /slɪp/ *v.* 滑倒，失足；减退；摆脱，闪开；塞入 *n.* 差错，疏漏；滑倒；纸片 派 slippery

jumble /ˈdʒʌmbl/ *n.* 混杂，掺杂；供义卖的旧杂货 *vt.* 混杂，掺杂

finitude /fɪnɪtjuːd/ *n.* 有限；限定，界限

mainstream /ˈmeɪnstriːm/ *n.* 主要倾向，主要趋势，主流；主流派爵士乐(介乎传统与现代之间者) *a.* 主流的

afflict /əˈflɪkt/ *vt.* 使苦恼；折磨(torture)

fraudulent /ˈfrɔːdjələnt/ *a.* 欺诈的，不诚实的(deceitful, dishonest)

inalienable /ɪnˈeɪliənəbl/ *a.* 不可剥夺的，不可分割的

zoology /zuˈɒlədʒi/ *n.* 动物学

pejorative /pɪˈdʒɒrətɪv/ *a.* 轻蔑的，使(词、语)带有轻蔑意义(的)

lavish /ˈlævɪʃ/ *a.* 非常大方的，过分丰富的；浪费的

considerate /kənˈsɪdərət/ *a.* 考虑周到的(thoughtful)
派 consideration; considerable

evergreen /ˈevəgriːn/ *n.* 常青树；常绿植物 *a.* 常绿的

debate /dɪˈbeɪt/ *n. & v.* 争论，辩论 (discussion, argument, dispute) 派 debatable

nausea /ˈnɔːziə/ *n.* 反胃；晕船；恶心

extend /ɪkˈstend/ *v.* 扩充，延伸 (stretch)

accost /əˈkɒst/ *vt.* 向人搭话(address, speak to)

flee /fliː/ *v.* 逃跑，逃离(escape)

frost /frɒst/ *n.* 霜，霜冻，严寒 *v.* 结霜

obtrude /əbˈtruːd/ *v.* 强加；迫使

enrapture /ɪnˈræptʃə(r)/ *vt.* 使狂喜(delight, exult)

Unit 3

disabled /dɪsˈeɪbld/ *a.* 伤残的，残障的

revenue /ˈrevənjuː/ *n.* (尤指大宗的)收入；税收

virtue /ˈvɜːtʃuː/ *n.* 德行；贞操；优点 派 virtuous

attorney /əˈtɜːni/ *n.* 律师(lawyer)

beat /biːt/ *a.* 疲倦的(exhausted, tired, worn out) *n. & v.* 击败；敲打；心跳

adapt /əˈdæpt/ *v.* (使)适应 (adjust, accommodate) 派 adaptable; adaptation

forensic /fəˈrensɪk/ *a.* 法庭的

pliable /ˈplaɪəbl/ *a.* (指人或思想)容易受影响的；顺从的；易弯的，柔韧的

prodigious /prəˈdɪdʒəs/ *a.* 巨大的(colossal, enormous)；惊人的；奇异的

stagnant /ˈstægnənt/ *a.* 停滞的；迟钝的；污浊的 派 stagnate

insidious /ɪnˈsɪdiəs/ *a.* 潜伏的，隐伏的

abroad /əˈbrɔːd/ *ad.* 往国外，在海外

fort /fɔːt/ *n.* 要塞，堡垒

indifferent /ɪn'dɪfrənt/ *a.* 冷漠的，不积极的(uninterested, nonchalant)

bribe /braɪb/ *n.* & *v.* 贿赂

encyclopedia /ɪnˌsaɪklə'piːdiə/ *n.* 百科全书

reprove /rɪ'pruːv/ *vt.* 责骂，申斥，谴责(rebuke, reprimand)

substitute /'sʌbstɪtjuːt/ *v.* 代替，替换 *n.* 代替者，代替物，代用品

flamboyant /flæm'bɔɪənt/ *a.* 华丽的，浮夸的 (dazzling, showy)

incalculable /ɪn'kælkjələbl/ *a.* 不可计算的(inestimable, innumerable)

interim /'ɪntərɪm/ *n.* 间歇；过渡时期 *a.* 暂时的，临时的

defraud /dɪ'frɔːd/ *vt.* 欺诈(deceive, beguile, cheat)

verify /'verɪfaɪ/ *v.* 证明，证实 派 verification

superstition /ˌsuːpə'stɪʃn/ *n.* 迷信；迷信行为；盲目的恐惧

reign /reɪn/ *n.* & *v.* 统治，主宰

precaution /prɪ'kɔːʃn/ *n.* 预防，预防措施

liability /ˌlaɪə'bɪləti/ *n.* 责任(responsibility)，义务，倾向；债务，负债

intrepid /ɪn'trepɪd/ *a.* 无畏的，勇猛的

wholesome /'həʊlsəm/ *a.* 健康的；有益于健康的；卫生的

dispute /dɪ'spjuːt/ *n.* 争论，争端，争吵 *v.* 对…表示异议；争论，争吵

possess /pə'zes/ *vt.* 具有；拥有

reluctant /rɪ'lʌktənt/ *a.* 不情愿的，勉强的；难得到的，难处理的 派 reluctance

mitigate /'mɪtɪgeɪt/ *vt.* 缓和；减轻(alleviate, relieve)

potent /'pəʊtnt/ *a.* 强有力的；有效的

lament /lə'ment/ *n.* 悲伤 *vt.* 痛惜(mourn, grieve over)

prestige /pre'stiːʒ/ *n.* 声望，威望；威信；影响力

派 prestigious

intelligent /ɪn'telɪdʒənt/ *a.* 聪明的(ingenious, wise)

派 intelligible; intelligence

disagree /ˌdɪsə'griː/ *v.* 不同意；不一致

oppose /ə'pəʊz/ *vt.* 反对；反抗，对抗(contradict, counteract) 派 opposite 相反的，对立的

comprehend /ˌkɒmprɪ'hend/ *vt.* 理解(understand)

派 comprehensive

fraught /frɔːt/ *n.* 货物；装载物 *a.* 充满…的

lead /liːd/ *v.* 指引；领导；致使 *n.* 铅

inexplicable /ˌɪnɪk'splɪkəbl/ *a.* 无法说明的(mysterious)

motif /məʊ'tiːf/ *n.* 主题(theme, subject)；主旨

dentist /'dentɪst/ *n.* 牙科医生

formulate /'fɔːmjuleɪt/ *vt.* 系统阐述，明确表达；构想出(计划、方法等)，规划(制度等) 派 formulation

surround /sə'raʊnd/ *vt.* 围绕；包围 派 surrounding

audible /'ɔːdəbl/ *a.* 听得见的

annotate /'ænəteɪt/ *v.* (给…)做注释，(给…)做评注

blur /blɜː(r)/ *n.* 模糊之物 *v.* 涂污；污损(名誉等)

apprehend /ˌæprɪ'hend/ *v.* 领会，理解(grasp, understand)

prominent /'prɒmɪnənt/ *a.* 突起的；突出的；显著的(distinguished, eminent)

definite /'defɪnət/ *a.* 明确的(specific, straightforward)；肯定的 派 definitely

hurdle /'hɜːdl/ *n.* 障碍；跳栏 *v.* 越过障碍

perverse /pə'vɜːs/ *a.* 任性的；违反常规的；行为反常的

meanwhile /'miːnwaɪl/ *ad.* 与此同时

denounce /dɪ'naʊns/ *vt.* 谴责，声讨 (censure, condemn)

elastic /ɪ'læstɪk/ *n.* 松紧带 *a.* 有弹性的；灵活的；可伸缩的

armament /'ɑːməmənt/ *n.* 兵力，军力(arms, munitions)

discreet /dɪ'skriːt/ *a.* 慎重的，谨慎的(prudent, cautious)

stumble /'stʌmbl/ *n.* 绊倒；失误 *v.* 绊跌；结巴；犯错误

hang /hæŋ/ *v.* 悬挂，吊，垂下；吊死，绞死

gainsay /ˌgeɪn'seɪ/ *vt.* 反驳(oppose)，否认(deny)

accustom /ə'kʌstəm/ *vt.* 使习惯于

fruitful /'fruːtfl/ *a.* 多产的，富饶的；富有成效的

embezzle /ɪm'bezl/ *vt.* 盗用(公款、公物)(misappropriate)

juvenile /'dʒuːvənaɪl/ *a.* 少年的，少年特有的；幼稚的，不成熟的 *n.* 未成年人，少年

allergic /ə'lɜːdʒɪk/ *a.* 过敏的；(对…)变态反应的，变应性的

confederacy /kən'fedərəsi/ *n.* 联盟，邦联

inspiration /ˌɪnspə'reɪʃn/ *n.* 启示，灵感；鼓舞人心的人(或事)，激励

bow /baʊ/ *v.* 低下(头)；弯腰，鞠躬 *n.* 弓

utilize /'juːtəlaɪz/ *vt.* 利用(use, make use of)

派 utilitarian; utility

indispensable /ˌɪndɪ'spensəbl/ *a.* 不可缺少的，绝对必要的 (essential, vital, requisite)

adjourn /ə'dʒɜːn/ *vt.* 延期(defer, delay)；中止；推迟

rotate /rəʊ'teɪt/ *v.* (使)旋转 (turn, alternate)

journal /'dʒɜːnl/ *n.* 学术性刊物，期刊；日记

deluge /'deljuːdʒ/ *n.* 洪水 *v.* 泛滥；淹；(暴雨)袭击

frenzy /'frenzi/ *n.* 狂暴，狂怒

headline /'hedlaɪn/ *n.* 大字标题；［常*pl.*］头版头条新闻

maximum /'mæksɪməm/ *n.* 最大量，极限 *a.* 最大的，最高的

breakthrough /ˈbreɪkθruː/ *n.* 突破；重大进展

irrepressible /ˌɪrɪˈpresəbl/ *a.* 不可压制的，难以征服的(insuppressible, uncontrolled)

unanimous /juˈnænɪməs/ *a.* 全体一致的，无异议的

gorge /gɔːdʒ/ *n.* 山峡，峡谷

gentle /ˈdʒentl/ *v.* 驯服 *a.* 文雅的；有礼貌的

rotten /ˈrɒtn/ *a.* 腐烂的(decaying, decomposed)

plantation /plɑːnˈteɪʃn/ *n.* 耕地；种植园；大农场

hover /ˈhɒvə(r)/ *v.* (鸟等)翱翔，盘旋；逗留在近旁，徘徊；彷徨，犹豫

facial /ˈfeɪʃl/ *a.* 面部的；面部用的

luminous /ˈluːmɪnəs/ *a.* 发光的，光亮的(glowing, bright)

penalty /ˈpenəlti/ *n.* 处罚，罚款 派 penalize

oasis /əʊˈeɪsɪs/ *n.* (沙漠中的)绿洲；舒适的地方

submarine /ˌsʌbməˈriːn/ *n.* 潜水艇 *a.* 水底的，海底的

abdomen /ˈæbdəmən/ *n.* 腹，腹部

allure /əˈlʊə(r)/ *n.* & *vt.* 引诱，诱惑(attract, captivate)

improvident /ɪmˈprɒvɪdənt/ *a.* 浪费的(thriftless, wasteful)

invaluable /ɪnˈvæljuəbl/ *a.* 无价的，价值无法衡量的(costly)

prolusion /prəˈluːʒ(ə)n/ *n.* 序言；序幕；开场白

abundant /əˈbʌndənt/ *a.* 充裕的(sufficient)；丰富的

accidental /ˌæksɪˈdentl/ *a.* 意外的；偶然的；非主要的；附属的(occasional)

Unit 4

abut /əˈbʌt/ *v.* 邻接，毗邻

viscous /ˈvɪskəs/ *a.* 黏滞的，黏性的

disappoint /ˌdɪsəˈpɔɪnt/ *v.* 使失望；使破灭

recede /rɪ'siːd/ *v.* 后退

income /'ɪnkʌm/ *n.* 收入；所得，收益

anthropology /ˌænθrə'pɒlədʒi/ *n.* 人类学

amusement /ə'mjuːzmənt/ *n.* 欢乐，快乐；娱乐，消遣

waive /weɪv/ *v.* 放弃；免除；搁置

curl /kɜːl/ *n.* 卷毛；卷发；卷曲 *v.* 卷曲，弄卷

indulge /ɪn'dʌldʒ/ *v.* 沉溺于，纵情于；满足(欲望、兴趣等)；放纵，听任

hedge /hedʒ/ *n.* 树篱；防止损失的手段

insularity /ˌɪnsju'lærəti/ *n.* 岛国(状态)；与外界隔绝的生活状况；(思想、观点等的)褊狭

forfeit /'fɔːfɪt/ *v.* (因犯规等而)丧失，失去 *n.* 罚款；代价

interpret /ɪn'tɜːprɪt/ *v.* 解释，说明；口译，翻译

luster /'lʌstə(r)/ *n.* 光彩，光泽(brightness, radiance)

fiction /'fɪkʃn/ *n.* 小说；虚构 派 fictional; fictitious

disapprove /ˌdɪsə'pruːv/ *v.* 不赞成，反对 派 disagreement

due /djuː/ *a.* 到期的，预期的；应有的，应得的；正当的

cliché /'kliːʃeɪ/ *n.* 陈词滥调 *a.* 陈腐的

arise /ə'raɪz/ *v.* 发生；起来；出现

compatriot /kəm'pætriət/ *n.* 同胞；同国人 *a.* 同国的

fatigue /fə'tiːg/ *n.* 疲劳，劳累 *v.* (使)疲劳

moribund /'mɒrɪbʌnd/ *a.* 垂死的，即将灭亡的；即将结束的

indecision /ˌɪndɪ'sɪʒn/ *n.* 优柔寡断

festival /'festɪvl/ *n.* 节日 *a.* 节日的；喜庆的 派 festivity

fist /fɪst/ *n.* 拳头 *v.* 紧握

complete /kəm'pliːt/ *a.* 彻底的；完成的；绝对的 *vt.* 完成；结束

grim /grɪm/ *a.* 严厉的；可怕的；讨厌的

personnel /ˌpɜːsə'nel/ *n.* 人员；员工；人事部门

morbid /'mɔːbɪd/ *a.* 病态的，不健康的(sick, diseased)
impassioned /ɪm'pæʃnd/ *a.* 热烈的(emotional, ardent)
drama /'drɑːmə/ *n.* (在舞台上演的)戏剧，戏剧艺术
派 dramatic
strengthen /'streŋθn/ *v.* 加强；增强；巩固
victim /'vɪktɪm/ *n.* 受害人，牺牲者(sufferer)；牺牲品(casualty)
stringent /'strɪndʒənt/ *a.* (法律、规则等)严格的，苛刻的；(财政状况)紧缩的，短缺的；迫切的
rendezvous /'rɒndɪvuː/ *n.* 约会；集会；聚会之地点 *v.* 汇合，集合
convention /kən'venʃn/ *n.* 大会，会议；惯例，常规，习俗；公约，协定
file /faɪl/ *n.* 档案，文件 *v.* 归档
irreconcilable /ɪ'rekənsaɪləbl/ *a.* 不能妥协的(unconformable, incompatible)
caricature /'kærɪkətʃʊə(r)/ *n.* 讽刺画，漫画； 讽刺描述法
negate /nɪ'geɪt/ *vt.* 否定；否认 派 negative
mask /mɑːsk/ *n.* 面具，掩饰 *vt.* 戴面具，掩饰(disguise)
transaction /træn'zækʃn/ *n.* 办理；处理；交易，业务；［常*pl.*］会报，学报
fellow /'feləʊ/ *n.* 家伙；同事；同伴 *a.* 同伴的；同类的
inevitable /ɪn'evɪtəbl/ *a.* 不可避免的，必然(发生)的
heartless /'hɑːtləs/ *a.* 无情的，狠心的；无生气的，没精打采的
excess /ɪk'ses/ *n.* 超越；过量 *a.* 过量的，额外的
派 excessive
cumbersome /'kʌmbəsəm/ *a.* 累赘的；麻烦的；笨重的
item /'aɪtəm/ *n.* 条款，项目；(新闻等)一则

clarify /ˈklærəfaɪ/ *vt.* 澄清，阐明
fibre /ˈfaɪbə(r)/ *n.* 纤维
hunt /hʌnt/ *n. & v.* 狩猎，打猎；追捕
hegemony /hɪˈdʒeməni/ *n.* 霸权；领导权
perform /pəˈfɔːm/ *v.* 履行，执行，完成；表演，演出；(机器)运作 派 performance
sphere /sfɪə(r)/ *n.* 球，球面；天体；(兴趣、活动、势力等的)范围
affection /əˈfekʃn/ *a.* 挚爱的；亲切的(kind, genial) *n.* 友爱；影响
delinquent /dɪˈlɪŋkwənt/ *a.* 失职的；违法的；拖欠的 *n.* 违法者，罪犯(尤指少年犯) 派 delinquency
obscure /əbˈskjʊə(r)/ *a.* 朦胧的；模糊的；默默无闻的
franchise /ˈfræntʃaɪz/ *n.* 特权；公民权；经销权；管辖权 *v.* 给以特许(或特权)；给予选举权(或经销权)
dispel /dɪˈspel/ *v.* 驱散；驱逐；消除
leaflet /ˈliːflət/ *n.* 传单，散页印刷品；小册子 *v.* 散发传单(或小册子)
peripheral /pəˈrɪfərəl/ *a.* 外围的；次要的，附带的 *n.* 外围设备
wander /ˈwɒndə(r)/ *v.* 徘徊，闲逛，漫步；偏离正道；走神，(神情)恍惚
decrease /dɪˈkriːs/ *n. & v.* 减少，降低
plagiarise /ˈpleɪdʒəraɪz/ *v.* 剽窃，抄袭
lawsuit /ˈlɔːsuːt/ *n.* 诉讼，起诉
colossal /kəˈlɒsl/ *a.* 巨大的(immense, huge)，庞大的
irreversible /ˌɪrɪˈvɜːsəbl/ *a.* 不能撤回的；不能倒转的
agony /ˈæɡəni/ *n.* 苦恼；极度的痛苦(anguish, suffering)
assault /əˈsɔːlt/ *n.* (武力或口头上的)攻击(attack)，袭击(assail *v.*)；侵犯人身罪；冲击；抨击 *vt.* 攻击，袭击；使难受

internist /ɪn'tɜːnɪst/ *n.* 内科医师

caustic /'kɔːstɪk/ *n.* 腐蚀剂 *a.* 腐蚀性的(abrasive, corrosive)；(指评论)讽刺的，挖苦的

superb /suː'pɜːb/ *a.* 庄重的；卓越的；华丽的

lousy /'laʊzi/ *a.* 多虱的；身体差的；劣等的；卑劣的

grumble /'grʌmbl/ *n. & v.* 怨言；牢骚；轰鸣

deride /dɪ'raɪd/ *vt.* 嘲笑，愚弄(ridicule, mock, gibe)

correlate /'kɒrələt/ *v.* 相互关联

leash /liːʃ/ *v.* 束缚

jungle /'dʒʌŋgl/ *n.* 丛林；生死关头

exhilaration /ɪgˌzɪlə'reɪʃn/ *n.* 高兴，兴奋

tangle /'tæŋgl/ *n.* 混乱状态；纠纷 *v.* 使纠缠，处于混乱状态

acclimatize /ə'klaɪmətaɪz/ *v.* (使…)服水土；(使…)适应新环境

enrich /ɪn'rɪtʃ/ *vt.* 丰富(make rich, enhance)；使富裕

weaken /'wiːkən/ *v.* (使)变弱，(使)减弱

imbibe /ɪm'baɪb/ *vt.* 饮(absorb, assimilate)

action /'ækʃn/ *n.* 行动(activity)；作用

herbal /'hɜːbl/ *a.* 草本植物的；药草(制)的 *n.* 草本植物志；药草书

tyrannical /tɪ'rænɪkl/ *a.* 残暴的

comply /kəm'plaɪ/ *v.* 顺从；答应；遵守(obey)

clan /klæn/ *n.* 部落；氏族，宗族；党派

resolution /ˌrezə'luːʃn/ *n.* 坚决，坚定；解决 派 resolve

flowering /'flaʊərɪŋ/ *n.* 繁荣；成熟

evoke /ɪ'vəʊk/ *vt.* 唤起(arouse, produce)，引起，博得

slumber /'slʌmbə(r)/ *v.* 睡眠(尤指睡得安稳而舒服)，安睡 *n.* [常*pl.*] 睡眠，安睡

transcript /'trænskrɪpt/ *n.* 抄本，副本；文字记录；成绩

单 派 transcribe

advocate /'ædvəkeɪt/ *vt.* 拥护(hold, maintain)，支持；提倡 *n.* 拥护者，支持者；提倡者

amount /ə'maʊnt/ *n.* 总额 *vi.* 合计

frantically /'fræntɪkli/ *ad.* 疯狂地，狂热地

Unit 5

commonplace /'kɒmənpleɪs/ *n.* 平凡事，平凡话 *a.* 平凡的(average, ordinary)

morality /mə'ræləti/ *n.* 道德，美德；伦理体系

plush /plʌʃ/ *a.* 豪华的，舒适的 *n.* 长毛绒

optics /'ɒptɪks/ *n.* 光学

overseas /ˌəʊvə'siːz/ *a.* 在海外的 *ad.* 在海外

overhead /ˌəʊvə'hed/ *a.* 在头顶上的；高架的 *n.* 天花板；企业管理费用

terminate /'tɜːmɪneɪt/ *vt.* 终止(end, finish, conclude, stop)

transition /træn'zɪʃn/ *n.* 转变，变迁(change, shift)；过渡(transformation, change)

barrier /'bæriə(r)/ *n.* 栅栏；屏障，障碍(obstacle, block, barricade)

cancel /'kænsl/ *v.* 取消(call off, nullify)，废除；抵消，对消；删去，划掉

gallery /'gæləri/ *n.* 美术陈列室，画廊

agitate /'ædʒɪteɪt/ *v.* 搅动；鼓动，煽动；激烈辩论

fuse /fjuːz/ *n.* 保险丝 *v.* 因保险丝烧断而断电；熔合；熔化

shallow /'ʃæləʊ/ *a.* 浅的(superficial)；肤浅的，浅薄的

further /'fɜːðə(r)/ *vt.* 促进，增进(advance, promote)

influenza /ˌɪnflu'enzə/ *n.* 流行性感冒

available /ə'veɪləbl/ *a.* 可获得的，可得到的；可用的(obtainable, accessible)；有空的

sophisticated /sə'fɪstɪkeɪtɪd/ *a.* 老于世故的，老练的；精密的，尖端的，先进的；复杂的；高雅的，有教养的

emulate /'emjuleɪt/ *vt.* 与…竞争，赶上；仿真，模仿
派 emulation

handy /'hændi/ *a.* 方便的；手边的；手巧的

deduce /dɪ'djuːs/ *v.* 演绎；推论；推断(assume, consider, believe)

autocratic /ˌɔːtə'krætɪk/ *a.* 独裁的，专制的

distract /dɪ'strækt/ *vt.* 转移(注意力)；使分心

veto /'viːtəʊ/ *n.* 否决，否决权(rejection) *vt.* 否决；禁止(negate)

cosmopolitan /ˌkɒzmə'pɒlɪtən/ *n.* 四海为家的人；世界主义者 *a.* 世界性的，全球(各地)的

holistic /həʊ'lɪstɪk/ *a.* 整体的，全盘的(integral, systematic)

lethal /'liːθl/ *a.* 致命的，破坏性的，毁灭性的；有害的

compound /'kɒmpaʊnd/ *vt.* 使恶化，加重；使化合，使合成 *n.* 化合物，复合物；(有围墙或篱笆等的)楼群，大院 *a.* 复合的，化合的；综合的

conform /kən'fɔːm/ *vi.* 遵守，服从；适应，顺应；相一致，相符合

behave /bɪ'heɪv/ *v.* 表现；(机器等)运转；(事物)起作用；表现得体；使检点

essay /'eseɪ/ *n.* 散文；小品文；随笔；短文；评论

charisma /kə'rɪzmə/ *n.* 非凡的领导力；魅力

incessant /ɪn'sesnt/ *a.* 不断的(ceaseless, continual)

vegetarian /ˌvedʒə'teəriən/ *n.* 素食者 *a.* 素食者的

explore /ɪk'splɔː(r)/ *v.* 探险，探索；仔细检查，探究
派 exploration

ecology /i'kɒlədʒi/ *n.* 生态，生态学；生态环境
派 ecological

inhale /ɪn'heɪl/ *v.* 吸(烟)，吸气

idyllic /ɪ'dɪlɪk/ *a.* 田园诗的(pastoral, rustic)

derive /dɪ'raɪv/ *v.* 源自，起源于 派 derivative

longitudinal /ˌlɒŋgɪ'tjuːdɪnl/ *a.* 经度的，经线的；纵的；长度的

scorch /skɔːtʃ/ *vt.* 使褪色(discolor) 派 scorching

ideal /aɪ'diːəl/ *a.* 理想的，完美的；理想主义的；空想的；唯心的 *n.* 理想；理想的东西(或人)

multilateral /ˌmʌlti'lætərəl/ *a.* 多边的；多国参加的

resort /rɪ'zɔːt/ *n.* 度假胜地；求助 *v.* 求助，诉诸；采取(某种手段等)

anguish /'æŋgwɪʃ/ *n.* 极度痛苦 *vt.* 使极苦闷，使极痛苦

devastate /'devəsteɪt/ *vt.* 毁坏(destroy, ruin, wreck)；破坏(demolish)；使震惊，使极为悲痛

disorder /dɪs'ɔːdə(r)/ *n.* 杂乱，混乱，无秩序状态 *v.* 扰乱
派 disorderly

subvert /səb'vɜːt/ *vt.* 颠覆，推翻(undermine)

encapsulate /ɪn'kæpsjuleɪt/ *vt* 装入胶囊；压缩；总结，概述

mutinous /'mjuːtənəs/ *a.* 叛变的，哗变的

sufficient /sə'fɪʃnt/ *a.* 充分的；足够的

anonymous /ə'nɒnɪməs/ *a.* 匿名的

hint /hɪnt/ *n.* 暗示；提示，线索

sane /seɪn/ *a.* 健全的；明智的；理智的

scold /skəʊld/ *n.* & *v.* 责骂，斥责

ignominy /'ɪgnəmɪni/ *n.* 耻辱

ultraviolet /ˌʌltrə'vaɪələt/ *a.* 紫外线的，紫外的 *n.* 紫外线辐射

burgeon /'bɜːdʒən/ *vi.* 迅速成长；发展

analogy /ə'nælədʒi/ *n.* 类似；类推；类比

sober /'səʊbə(r)/ *v.* 清醒；冷静 *a.* 严肃的；冷静的；清醒的

tame /teɪm/ *v.* 驯服；驯养 *a.* 驯服的；柔顺的

field /fiːld/ *n.* 田地，田野；领域；运动场

devour /dɪ'vaʊə(r)/ *vt.* 吞食，吞没(eat up, consume)；毁灭

leadership /'liːdəʃɪp/ *n.* 领导能力；领导阶层

circumstance /'sɜːkəmstəns/ *n.* 情况，形势；环境；［常*pl.*］境况

outrage /'aʊtreɪdʒ/ *vt.* 激怒(anger)；侵犯(offend)
派 outrageous

pertinent /'pɜːtɪnənt/ *a.* 中肯的；相关的；恰当的

narrow /'nærəʊ/ *v.* 限制；缩小 *a.* 有限的；狭窄的

depend /dɪ'pend/ *vi.* 依靠，依赖；信赖，相信；决定于，视…而定 派 dependable; dependence; dependent

collateral /kə'lætərəl/ *a.* 并行的；间接的，附带的

felicity /fə'lɪsəti/ *n.* 幸福；幸运；福气(blessing)

fulfill /fʊl'fɪl/ *v.* 完成；履行，执行；满足 派 fulfilment

ownership /'əʊnəʃɪp/ *n.* 所有权，所有制；物主身份

amendment /ə'mendmənt/ *n.* 修正案

genetic /dʒə'netɪk/ *a.* 遗传的；起源的

encumber /ɪn'kʌmbə(r)/ *vt.* 阻碍，妨碍(burden, hamper)

overpass /'əʊvəpɑːs/ *n.* 立交桥，高架桥(viaduct)

burnish /'bɜːnɪʃ/ *vt.* 磨光，使光滑(polish)

condense /kən'dens/ *v.* (使)压缩，精简；(使)凝结

era /'ɪərə/ *n.* 时代，时期 (period，age)

revenge /rɪ'vendʒ/ *n. & v.* 报仇，复仇

impervious /ɪm'pɜːviəs/ *a.* 不能渗透的(impenetrable, impermeable)

smear /smɪə(r)/ *v.* 胡乱涂抹；弄脏，弄污；诽谤，诋毁；变得模糊不清，把(图画等)弄得模糊不清 *n.* 污迹，污渍；(显微镜的)涂片；诽谤，诋毁

nerve /nɜːv/ *n.* 神经；勇敢

retrieve /rɪ'triːv/ *v.* 恢复；挽回；取回

indomitable /ɪn'dɒmɪtəbl/ *a.* 不屈不挠的(invincible, unconquerable)

conquer /'kɒŋkə(r)/ *vt.* 占领，攻取，攻克(overtake, triumph)

information /ˌɪnfə'meɪʃn/ *n.* 信息，资料 派 informative

inactive /ɪn'æktɪv/ *a.* 不活动的；懒散的

legible /'ledʒəbl/ *a.* 清晰的；易读的

repulsive /rɪ'pʌlsɪv/ *a.* 令人厌恶的；排斥的

overweight /ˌəʊvə'weɪt/ *a.* 超重的，过重的 *n.* 超重，过重 *vt.* 使负担过重

comic /'kɒmɪk/ *a.* 可笑的，滑稽的；喜剧的 *n.* 喜剧演员

frail /freɪl/ *a.* 虚弱的，脆弱的(fragile, flimsy)；易损坏的

nervous /'nɜːvəs/ *a.* 神经的

serene /sə'riːn/ *a.* 晴朗的；平静的(tranquil)

declare /dɪ'kleə(r)/ *v.* 宣告；声明，宣称；申报(应纳税物品) 派 declaration

coupon /'kuːpɒn/ *n.* 优惠券；票证；配给券；参赛表，订货单

manuscript /'mænjuskrɪpt/ *n.* 手稿，原稿(composition)

deplore /dɪ'plɔː(r)/ *vt.* 悲痛(grieve, mourn)；深悔

音 频

Word List 2

Unit 1

consent /kən'sent/ *n. & v.* 同意，赞成

permissive /pə'mɪsɪv/ *a.* 许可的(allowable)

backbone /'bækbəʊn/ *n.* 脊椎；中枢；骨干

placate /plə'keɪt/ *vt.* 安抚(appease, pacify)

memorable /'memərəbl/ *a.* 容易记住的；难忘的

contract /'kɒntrækt/ *n.* 合同；契约 *v.* 缔结；感染；收缩(coordination)

invent /ɪn'vent/ *v.* 发明 (create, originate)，创造 派 inventive

predicament /prɪ'dɪkəmənt/ *n.* 困境(plight, quandary)

reckon /'rekən/ *v.* 认为，估计；测算，测量；料想，指望

partial /'pɑːʃl/ *a.* 部分的，不完全的；偏爱的，癖好的；偏向一方的，偏心的 派 partiality

portion /'pɔːʃn/ *n.* 部分；一份 *vt.* 划分，分配

sporadic /spə'rædɪk/ *a.* 零星的(irregular, intermittent)

cable /'keɪbl/ *n.* 缆绳；电缆；电报 *v.* (给…)发电报

disclose /dɪs'kləʊz/ *vt.* 揭露；透露；公开

forth /fɔːθ/ *ad.* 离去，外出；向前；向某处

disguise /dɪs'gaɪz/ *v. & n.* 假装，伪装，掩饰(camouflage, cloak, dissemble, dissimulate)

erratic /ɪ'rætɪk/ *a.* 古怪的(odd, eccentric)

venomous /'venəməs/ *a.* 有毒的；分泌毒液的；恶意的，狠毒的

outstretch /aut'stretʃ/ *v.* 伸出，伸展

luxurious /lʌg'ʒuəriəs/ *a.* 奢侈的(expensive, costly, luxury)；豪华的

adjust /ə'dʒʌst/ *v.* 校准；调节；使…适应

knob /nɒb/ *n.* 球形把手；(机器等)旋钮

suspicious /sə'spɪʃəs/ *a.* 可疑的；怀疑的，多疑的

stitch /stɪtʃ/ *vt.* 缝，缝合 *n.* 一针，针脚

beginning /bɪ'gɪnɪŋ/ *n.* 开始，起源

tolerate /'tɒləreɪt/ *vt.* 忍受，容忍(bear, put up with)；宽恕 派 tolerable

exclaim /ɪk'skleɪm/ *v.* 呼喊(shout)；惊叫(ejaculate)

formulary /'fɔːmjulərɪ/ *n.* 公式汇编；配方书，处方集 *a.* 公式的，定式的

inland /ˌɪn'lænd/ *n.* 内陆，内地 *a. & ad.* 内地的(地)，内陆的(地)

outgoing /'aʊtgəʊɪŋ/ *a.* 外向的；即将离职的；出发的

overuse /ˌəʊvə'juːs/ *vt.* 把…使用过度，把…使用过久 *n.* 使用过度

cuisine /kwɪ'ziːn/ *n.* 烹饪；烹调法，烹调风格；菜肴

crisis /'kraɪsɪs/ *n.* (疾病的)转折点，决定性时刻(turning point)；危机(emergency)

entail /ɪn'teɪl/ *vt.* 惹起；使负担

inculcate /'ɪnkʌlkeɪt/ *vt.* 谆谆教诲，反复灌输

prompt /prɒmpt/ *n. & v.* 提示；鼓动；促使

monotonous /mə'nɒtənəs/ *a.* (声音)单调的；太过单 而令人厌倦的；毫无变化的

trivial /'trɪviəl/ *a.* 琐细的，价值不高的，微不足道的(trifling, paltry)

murder /'mɜːdə(r)/ *n. & v.* 谋杀，凶杀

favour /'feɪvə(r)/ *n.* 帮忙；偏爱；赞同；恩惠 *vt.* 赞同；较喜欢，偏袒；有利于 派 favourable

browse /brauz/ *v.* 吃嫩叶或草；浏览 *n.* 嫩叶，嫩芽；吃草；浏览

obedience /ə'biːdiəns/ *n.* 服从，顺从(deference, submission) 派 obedient

largely /'lɑːdʒli/ *ad.* 主要地，很大程度上 (mainly, for the most part)

analogue /'ænəlɒg/ *n.* 相似物；类似情况；对等的人

discipline /'dɪsəplɪn/ *vt.* 训练，训导 *n.* 学科；纪律；处分

beneath /bɪ'niːθ/ *ad.* 在下方，在底下 *prep.* 在…之下；被…覆盖

withhold /wɪð'həuld/ *v.* 拒绝给；阻挡，阻止，制止

ambiguous /æm'bɪgjuəs/ *a.* 有多种意思的；意思含糊的 (equivocal, obscure, recondite)

pitch /pɪtʃ/ *v.* 投掷；颠簸；为…定音高 *n.* 沥青；场地；程度；最高点；音高

patriarchic /peɪtriɑːkik/ *a.* 家长的，族长的(patriarchal)

haggle /'hægl/ *vi.* 争论(argue, bargain)

commodity /kə'mɒdəti/ *n.* 商品，货物；日用品

foam /fəum/ *n.* 泡沫；泡沫材料 *vi.* 起泡沫

sponsor /'spɒnsə(r)/ *n.* 发起者，赞助人，主办者；主顾 *vt.* 发起，主办；赞助，资助；惠顾

disrupt /dɪs'rʌpt/ *vt.* 使中断，使分裂(disturb) 派 disruptive

diagram /'daɪəgræm/ *n.* 图解，图表

payable /'peɪəbl/ *a.* 可付的；应付的

evict /ɪ'vɪkt/ *v.* 驱逐，逐出

worthy /'wɜːði/ *a.* 有价值的；值得的

loutish /'lautɪʃ/ *a.* 粗野的，无礼的

grope /grəup/ *vi.* 摸索(fumble, search)

community /kə'mjuːnəti/ *n.* 社区；团体；[生态]群落

antecedent /ˌæntɪ'siːdnt/ *n.* 先辈

economy /ɪ'kɒnəmi/ *n.* 经济；节约

hectic /'hektɪk/ *a.* 兴奋的；忙乱的

dedicate /'dedɪkeɪt/ *vt.* 献(身)；(在著作等上)题献词

派 dedicated; dedication

anthology /æn'θɒlədʒi/ *n.* 诗选，文选

immortal /ɪ'mɔːtl/ *a.* 不朽的(undying, everlasting)

recruit /rɪ'kruːt/ *v.* 招募(新兵)，招收(新成员)；复原，恢复；补充 *n.* 新兵，新成员，新会员

manufacture /ˌmænju'fæktʃə(r)/ *n.* 制造，制造业 *v.* 制造，加工

reveal /rɪ'viːl/ *vt.* 展现(exhibit)；揭露(expose, disclose)

loyal /'lɔɪəl/ *a.* 忠诚的，忠贞的，忠心的 派 loyalty

slim /slɪm/ *a.* 细长的，苗条的(slender, thin)

reason /'riːzn/ *n.* 原因 *v.* 推论(deduce)

派 reasonable; reasoning

bewail /bɪ'weɪl/ *vt.* 为…痛哭，为…悲伤

vulnerability /ˌvʌlnərə'bɪləti/ *n.* 弱点 派 vulnerable

fault /fɔːlt/ *n.* 缺点；过失；故障 派 faulty

diet /'daɪət/ *n.* 饮食，食物 *v.* 节食

stress /stres/ *n.* 压力；重音；强调，重点，着重 *vt.* 强调；重读 派 stressful

elbow /'elbəʊ/ *n.* 肘 *v.* 用肘推，挤

wealthy /'welθi/ *a.* 富的，富裕的；充裕的

regurgitate /rɪ'gɜːdʒɪteɪt/ *vt.* 涌回，流回；(使)反胃，将(咽下的食物)返回到口中，反刍

decisive /dɪ'saɪsɪv/ *a.* 决定性的；关键的

solitary /'sɒlətri/ *a.* 孤独的

sprawl /sprɔːl/ *n.* 四肢伸开的姿势或动作；(城市的)无计划发展 *v.* 伸开四肢坐、卧或倒下；杂乱无序地延伸

relevant /ˈreləvənt/ *a.* 有关的，相应的；适当的，中肯的；有重大意义的 派 relevance

assert /əˈsɜːt/ *vt.* 断言，宣称(declare)

trepidation /ˌtrepɪˈdeɪʃn/ *n.* 惊恐；惶恐；战栗

celebrate /ˈselɪbreɪt/ *v.* 赞扬，歌颂；庆祝，表扬(praise)

illusion /ɪˈluːʒn/ *n.* 幻想中的事物，错误的观念；错觉，幻觉，假象

rapture /ˈræptʃə(r)/ *n. & v.* 狂喜，欢天喜地

fortress /ˈfɔːtrəs/ *n.* 堡垒；要塞

anemia /əˈniːmiə/ *n.* 贫血，贫血症

exodus /ˈeksədəs/ *n.* 大批离去，成群外出

muddle /ˈmʌdl/ *n.* 一团糟，凌乱，混乱；(头脑)糊涂，困惑

invoke /ɪnˈvəʊk/ *vt.* 恳求，祈求；援用，援引；使用，应用

ephemeral /ɪˈfemərəl/ *a.* 朝生暮死的；短暂的

mess /mes/ *n.* 凌乱 *v.* 弄糟，搞乱

indignant /ɪnˈdɪgnənt/ *a.* 愤慨的，义愤的(outraged)

Unit 2

insulation /ˌɪnsjuˈleɪʃn/ *n.* 隔绝，隔绝状态；绝缘(材料)，隔热，隔音 派 isolate

fitting /ˈfɪtɪŋ/ *a.* 恰当的，得体的(proper, appropriate)

headquarters /ˌhedˈkwɔːtəz/ *n.* 总部，总公司；大本营；司令部

avalanche /ˈævəlɑːnʃ/ *n. & v.* 雪崩

insolent /ˈɪnsələnt/ *a.* 傲慢的；无礼的(haughty, arrogant, impudent)

check /tʃek/ *v.* 检查，核对；阻止，制止 *n.* 检查，核对；制止，抑制；支票，账单

extrovert /ˈekstrəvɜːt/ *n.* 性格外向的人；爱交际的人

accredit /ə'kredɪt/ *v.* 信任，相信；授权，委任；把…归结于；确认…达到标准

refute /rɪ'fjuːt/ *v.* 驳倒，反驳

regard /rɪ'gɑːd/ *n.* 关心；尊重 *v.* 看待，视为；尊敬
派 regardless

average /'ævərɪdʒ/ *a.* 平均的；平常的，普通的 *v.* 平均达到；平均为

intermittent /ˌɪntə'mɪtənt/ *a.* 间歇的，断断续续的

exclude /ɪk'skluːd/ *vt.* 把…排斥在外；将(某物)排除，不包括 派 exclusive; exclusion

vouch /vaʊtʃ/ *v.* 担保；保证；证明

inability /ˌɪnə'bɪləti/ *n.* 无能；无力

attentive /ə'tentɪv/ *a.* 注意的，专心的；关心的，体贴的；留意的

orphan /'ɔːfn/ *n.* 孤儿 *a.* 无双亲的，孤儿的
同 orphanage

pivot /'pɪvət/ *n.* 枢轴；支点；(讨论的)中心点；重点
派 pivotal

deviate /'diːvieɪt/ *v.* 背离，偏离

courageous /kə'reɪdʒəs/ *a.* 勇敢的，有胆量的

preferable /'prefrəbl/ *a.* 更可取的；更好的

enrage /ɪn'reɪdʒ/ *vt.* 激怒(infuriate, aggravate)

baste /beɪst/ *vt.* 殴打(lash, beat)；公开责骂

policy /'pɒləsi/ *n.* 政策，方针；保险单

overwork /ˌəʊvə'wɜːk/ *v.* 使劳累过度；对…使用过度；滥用(词等) *n.* 过重的工作；工作过度

convene /kən'viːn/ *vt.* 集合(assemble, gather)；召集，召唤

harassment /'hærəsmənt/ *n.* 骚扰；困扰

brawl /brɔːl/ *vi.* 争吵(bicker, quarrel)

belittle /bɪ'lɪtl/ *vt.* 轻视(depreciate, despise)

petrify /'petrɪfaɪ/ *vt.* 使发呆(stupefy, terrify)

simulation /ˌsɪmju'leɪʃn/ *n.* 假装；模拟 派 simulate

inertia /ɪ'nɜːʃə/ *n.* 惯性；惰性 (laziness, indolence)

exceptional /ɪk'sepʃənl/ *a.* 杰出的；异常的；特别的 (extraordinary, outstanding, unusual)

disclaim /dɪs'kleɪm/ *vt.* 拒绝承认，否认(refuse)

ambivalent /æm'bɪvələnt/ *a.* 矛盾的；好恶相克的

affiliate /ə'fɪlieɪt/ *v.* 接纳，隶属；联合

breeze /briːz/ *n.* 微风；小风波 *v.* 吹微风；逃走

monetary /'mʌnɪtri/ *a.* 货币的；金钱的

expletive /ɪk'spliːtɪv/ *a.* 填补的，补足的；附加的 *n.* 填补物

refresh /rɪ'freʃ/ *v.* (使)复原，更新；(使)精神振作，(使)精力恢复 派 refreshing; refreshment

liberty /'lɪbəti/ *n.* 自由，自由权；许可，准许；［常*pl.*］过于随便，放肆 派 liberation; liberal

ruinous /'ruːɪnəs/ *a.* 导致毁灭的(destructive)；使人破产的

zest /zest/ *n.* 浓烈的兴趣(interest)；热心(enthusiasm)

valorous /'vælərəs/ *a.* 勇敢的，勇武的，无畏的(brave, courageous)

odyssey /'ɒdəsi/ *n.* 远行；长途冒险旅行

hatch /hætʃ/ *v.* 孵出，孵化；策划 *n.* (门、地板或天花板上的)开口；(飞机等的)舱门

clay /kleɪ/ *n.* 泥土，黏土

overlook /ˌəʊvə'lʊk/ *vt.* 忽略，疏忽(ignore, neglect)

court /kɔːt/ *n.* 法院(tribunal) *v.* 追求(pursue)

shield /ʃiːld/ *n.* 防护物，盾牌；防御 *v.* 庇护，保护

dairy /'deəri/ *n.* 奶制品；乳品店 *a.* 乳制品的

league /liːg/ *n.* 同盟，联盟；联合会

hinge /hɪndʒ/ *n.* 合叶；铰链 *v.* 依…而定

explosion /ɪk'spləʊʒn/ *n.* 爆炸；剧增 派 explosive

effort /'efət/ *n.* 努力，艰难的尝试；成就

independent /ˌɪndɪ'pendənt/ *a.* 独立的，自主的，不受约束的 *n.* 中立派，无党派议员

affirm /ə'fɜːm/ *vt.* 断言，肯定；证实；批准

artificial /ˌɑːtɪ'fɪʃl/ *a.* 人工的，人造的；假的，矫揉造作的；模拟的

indeed /ɪn'diːd/ *ad.* 真正地；确实，实在；实际上；更确切地

mood /muːd/ *n.* 心情，情绪；气氛

propaganda /ˌprɒpə'gændə/ *n.* 宣传

declaim /dɪ'kleɪm/ *v.* 朗诵；演讲

potential /pə'tenʃl/ *a.* 潜在的；可能的 *n.* 潜力，潜能

tardy /'tɑːdi/ *a.* 延迟的(late, slow)

illegal /ɪ'liːgl/ *a.* 违法的；不合规定的

deflect /dɪ'flekt/ *v.* (使)偏斜，(使)转向

anarchy /'ænəki/ *n.* 无政府状态，政治混乱

coach /kəʊtʃ/ *n.* 教练；指导；长途汽车 *vt.* 训练；辅导

junior /'dʒuːniə(r)/ *n.* 较年幼者 *a.* 较年幼的；等级较低的

counterproductive /ˌkaʊntəprə'dʌktɪv/ *a.* 产生相反效果的，适得其反的

naval /'neɪvl/ *a.* 海军的；军舰的

candidate /'kændɪdət/ *n.* 候选人(nominee)，应试者

estate /ɪ'steɪt/ *n.* 个人财产，(尤指)遗产；土地，地产，(尤指)庄园

ordinary /'ɔːdnri/ *a.* 普通的，平常的(average, common)

breathtaking /'breθteɪkɪŋ/ *a.* 惊人的，惊险的 (stunning, exiciting)

dawn /dɔːn/ *n.* 黎明，拂晓，破晓 *v.* 破晓；开始，出现

irresolute /ɪ'rezəluːt/ *a.* 无决断的，犹豫不决的(hesitating, indecisive)

acupuncture /'ækjupʌŋktʃə(r)/ *n.* 针刺疗法，针灸

classification /ˌklæsɪfɪ'keɪʃn/ *n.* 分类，分级

illustrate /'ɪləstreɪt/ *v.* (用图等)说明，举例说明，阐明；给…做插图说明

observe /əb'zɜːv/ *vt.* 看 (watch)；观察 派 observation

coordinate /kəʊ'ɔːdɪneɪt/ *v.* 调整，协调 *n.* 同等者，同等物 *a.* 同等的，并列的

lovelorn /'lʌvlɔːn/ *a.* 失恋的

ankle /'æŋkl/ *n.* 踝，踝关节

version /'vɜːʃn/ *n.* 样式；型号；种类；说法；版本；译本

friction /'frɪkʃn/ *n.* 摩擦(力)；矛盾，冲突

constitute /'kɒnstɪtjuːt/ *v.* 组成；构成；设立，成立 (component *n.*) 派 constituency

escort /'eskɔːt/ *vt.* 护送；为…护航 *n.* 护卫队；护送(者)

statutory /'stætʃətri/ *a.* 法定的，法规的；受法令约束的，依照法令的

warranty /'wɒrənti/ *n.* 担保，保证；保修

platitude /'plætɪtjuːd/ *n.* 陈词滥调；平凡；陈腐

marvellous /'mɑːvələs/ *n.* 令人惊奇的；奇特的，非凡的；奇迹般的，不可思议的；绝妙的

bolster /'bəʊlstə(r)/ *vt.* 支持，支撑；改善 *n.* 垫子

malice /'mælɪs/ *n.* 恶意(ill will, spite) 派 malicious

consequent /'kɒnsɪkwənt/ *n.* 推论；结论 *a.* 作为结果的；随之发生的；合乎逻辑的 派 consequently; consequence

floral /'flɔːrəl/ *a.* 花的，像花的；绘有花的，饰以花的；植物群的

diction /'dɪkʃn/ *n.* 措辞，用语(wording, phraseology)

fable /'feɪbl/ *n.* 寓言；传说(allegory fiction, legend)

engulf /ɪn'gʌlf/ *vt.* 吞没，吞食(devour, swallow)

pitfall /'pɪtfɔːl/ *n.* 陷阱；隐患；易犯的错误；想不到的困难

Unit 3

verdict /'vɜːdɪkt/ *n.* 裁定；定论；判断；意见

migrate /maɪ'greɪt/ *v.* 随季节而移居，(鸟类的)迁徙 派 migration

academic /ˌækə'demɪk/ *a.* 学院的；学术的；不切实际的 *n.* 学者；大学教师

inexorable /ɪn'eksərəbl/ *a.* 不可阻挡的；不为恳求所动的；无情的

nursery /'nɜːsəri/ *a.* 幼儿教育的 *n.* 托儿所；苗圃

membership /'membəʃɪp/ *n.* 会员身份；全体会员

incredulity /ˌɪnkrə'djuːləti/ *n.* 怀疑(suspicion, disbelief)

prosper /'prɒspə(r)/ *vi.* 繁荣，兴旺；成功 派 prosperous; prosperity

hawk /hɔːk/ *n.* 鹰；鹰派 *v.* 叫卖

entitle /ɪn'taɪtl/ *vt.* 给…权利(或资格)；给(书、文章等)题名；给…以称号 派 entitled

affair /ə'feə(r)/ *n.* 事务；事情，事件；(个人的)事；风流韵事

eradicate /ɪ'rædɪkeɪt/ *vt.* 根除 (eliminate, get rid of, remove)

grill /grɪl/ *vt.* 烧烤；拷问，盘问 *n.* 烤架

barbarian /bɑː'beəriən/ *n.* 粗鲁无礼的人，野蛮人

industrious /ɪn'dʌstriəs/ *a.* 勤勉的(assiduous, diligent, sedulous)

frown /fraʊn/ *v.* 皱眉，蹙额；反对

inform /ɪn'fɔːm/ *v.* 通知；告诉，告知

presence /'prezns/ *n.* 出席；到场；仪态

loop /luːp/ *n.* 圈环；环状物；环路；循环 *v.* (使)成环，(使)成圈；成环形运动

stoically /'stəʊɪkli/ *ad.* 坚韧地

enthusiasm /ɪn'θjuːziæzəm/ *n.* 热情，热心，积极性；热衷的事物 派 enthusiastic

petition /pə'tɪʃn/ *n. & v.* 祈求；请求；请愿

picturesque /ˌpɪktʃə'resk/ *a.* 美丽如画的；(语言)生动的

acrimonious /ˌækrɪ'məʊniəs/ *a.* 尖酸的(bitter, spiteful)；严厉的；辛辣的

proliferate /prə'lɪfəreɪt/ *v.* 激增；增殖 派 proliferation

feud /fjuːd/ *n.* 世仇 *vi.* 不合

captive /'kæptɪv/ *a.* 被抓住的，被捕获的；受控制的；受垄断的

hospitable /hɒ'spɪtəbl/ *a.* 好客的，殷勤的，热情友好的；(气候、环境)宜人的；(对新思想等)易接受的，开通的

revolution /ˌrevə'luːʃn/ *n.* 革命；巨变，大变革

framework /'freɪmwɜːk/ *n.* 构架，框架 (structure, skeleton)

deploy /dɪ'plɔɪ/ *vt.* 部署；使用，运用

drastic /'dræstɪk/ *a.* 激烈的，剧烈的

shepherd /'ʃepəd/ *n.* 牧羊人；指导者 *v.* 牧羊；带领；照看

skeptical /'skeptɪkl/ *a.* 怀疑的(dubious, incredulous)

confidential /ˌkɒnfɪ'denʃl/ *a.* 机密的(classified)；秘密的

pullulate /'pʌljʊleɪt/ *vi.* 发芽，抽芽；充满；成长，发展

gratuitous /grə'tjuːɪtəs/ *a.* 不需要的(unwarranted)

indolent /'ɪndələnt/ *a.* 懒惰的，倦怠的；不活跃的，无行动的

maltreatment /ˌmæl'triːtmənt/ *n.* 虐待，粗暴对待

historian /hɪ'stɔːriən/ *n.* 历史学家，历史工作者

allege /ə'ledʒ/ *v.* 宣称；断言；辩护

fertile /'fɜːtaɪl/ *a.* 肥沃的，富饶的(productive)

blanket /'blæŋkɪt/ *n.* 毯子；厚的覆盖物

horizon /hə'raɪzn/ *n.* 地平线；范围；眼界

neighboring /'neɪbərɪŋ/ *a.* 邻近的，附近的(adjacent, adjoining)

permeate /'pɜːmieɪt/ *v.* 弥漫；渗透，透入(penetrate, saturate)

continuity /ˌkɒntɪ'njuːəti/ *n.* 连续(性)；持续(性)

commit /kə'mɪt/ *v.* 把…交托给，提交；犯(错误)，干(坏事) 派 commitment; committed

prolong /prə'lɒŋ/ *vt.* 拖长，延长(extend, lengthen)

acid /'æsɪd/ *a.* 酸的(sour，tart)

detach /dɪ'tætʃ/ *v.* 分开，分离；分遣

casualty /'kæʒuəlti/ *n.* 伤亡(人员)，伤亡者；损失的东西；伤亡事故

outweigh /ˌaʊt'weɪ/ *vt.* 比…重；(在重要性、影响上)比…更重要；胜过，强于

indefatigable /ˌɪndɪ'fætɪgəbl/ *a.* 不疲倦的(tireless)

transitory /'trænsətri/ *a.* 短暂的(temporary, momentary)

impromptu /ɪm'prɒmptjuː/ *a.* 临时的；即兴的(extempore)

deference /'defərəns/ *n.* 尊重；顺从

dislike /dɪs'laɪk/ *n.* & *v.* 讨厌，不喜欢

approve /ə'pruːv/ *v.* 赞成，称许；批准(agree, assent)

replenish /rɪ'plenɪʃ/ *vt.* 再斟(或装)满；添加，补充

pastoral /'pɑːstərəl/ *n.* 田园诗；牧歌；牧函 *a.* 田园的；宁静的；牧人的；牧师的

alphabet /'ælfəbet/ *n.* 字母表

humid /'hjuːmɪd/ *a.* 潮湿的(damp, moist) 派 humidity

fancy /'fænsi/ *n.* 爱好；想象 *v.* 想象；猜想；喜爱 *a.* 别出心裁的；昂贵的

oblige /ə'blaɪdʒ/ *v.* 迫使；责成

evil /'iːvl/ *n.* 邪恶 *a.* 邪恶的；有害的

controversy /'kɒntrəvɜːsi/ *n.* 争论，辩论，论战

torrent /'tɒrənt/ *n.* 急流，洪流(deluge, flood)

liaise /li'eɪz/ *vi.* 做联络人；联络，联系

obese /əʊ'biːs/ *a.* 肥胖的，肥大的 (overweight)

elegant /'elɪgənt/ *a.* (举止、服饰)雅致的(refined, exquisite, elaborate)

sumptuous /'sʌmptʃuəs/ *a.* 奢侈的(luxurious)；华丽的(splendid)

mend /mend/ *vt.* 改正，修正(revise, correct)；改进

generous /'dʒenərəs/ *a.* 慷慨的，宽宏大量的；丰厚的

fortuitous /fɔː'tjuːɪtəs/ *a.* 偶然的，意外的(accidental, coincidental)

sociable /'səʊʃəbl/ *a.* 好交际的；友善的；随和的；讨人喜欢的 派 social; socialize

herb /hɜːb/ *n.* 药草；香草

overflow /ˌəʊvə'fləʊ/ *vi.* 泛滥 *vt.* 从…中溢出(surplus *a.*, excess *n.*)

mascot /'mæskət/ *n.* 福神；吉祥的东西

rapacious /rə'peɪʃəs/ *a.* 贪婪的(avaricious, covetous) 派 rapacity

suspect /sə'spekt/ *n.* 嫌疑犯 *a.* 可疑的 *v.* 猜想；怀疑

lampoon /læm'puːn/ *vt.* 攻击；讥讽 *n.* 讥讽文章(caricature)

highland /'haɪlənd/ *n.* 高地，高原

vary /'veəri/ *v.* 改变；(使)多样化；变化；不同

backfire /ˌbæk'faɪə(r)/ *v.* 招致反效果；发生意外

pension /'penʃn/ *n.* 养老金，抚恤金；年金

desolate /'desələt/ *a.* 荒凉的，无人烟的

wrinkle /ˈrɪŋkl/ *n.* 皱纹 *v.* (使)起皱纹

construct /kənˈstrʌkt/ *vt.* 建造；构思，构筑；创立 *n.* 构想，观念 派 construction

boundary /ˈbaʊndri/ *n.* 分界线；边界

extract /ˈekstrækt/ *n.* 摘录，选段；提出物，汁 *vt.* 取出；提取

lust /lʌst/ *n.* 活力；欲望 *v.* 强烈渴望

melody /ˈmelədi/ *n.* 悦耳的音调，旋律

division /dɪˈvɪʒn/ *n.* 分开，分隔；分配；分歧；除(法)；部门，科，司

evaluate /ɪˈvæljueɪt/ *vt.* 评价，估计(estimate, assess)；求…的值 派 evaluation

fertilize /ˈfɜːtəlaɪz/ *vt.* 使肥沃，使多产；施肥于；使受精

lava /ˈlɑːvə/ *n.* 岩浆，熔岩

approximate /əˈprɒksɪmət/ *a.* 近似的(proximate)，大约的(roughly)

exaggerate /ɪgˈzædʒəreɪt/ *v.* 夸大，夸张(overstate, overemphasize) 派 exaggeration; exaggerated

loss /lɒs/ *n.* 遗失；丧失，损失

Unit 4

flexible /ˈfleksəbl/ *a.* 易曲的；柔软的 派 flexibility

commerce /ˈkɒmɜːs/ *n.* 贸易，商业；交往，交流 派 commercial

counsel /ˈkaʊnsl/ *n.* 律师，法律顾问；忠告 *vi.* 商议 *vt.* 劝告；提供心理咨询

expedition /ˌekspəˈdɪʃn/ *n.* (为特定目的)旅行，出行；远征；远征队；探险队；考察队；迅速，动作敏捷 派 expenditure

lime /laɪm/ *n.* 酸橙；石灰

massacre /'mæsəkə(r)/ *n. & v.* 残杀，大屠杀

fragrant /'freɪgrənt/ *a.* 香的，芬芳的(aromatic)(scent, perfume *n.*)

rendition /ren'dɪʃn/ *n.* 表演，扮演，演唱；翻译；视觉再现

authorise /'ɔːθəraɪz/ *vt.* 批准，认可；授权

派 authoritative; authority

cynical /'sɪnɪkl/ *a.* 讥讽的，冷嘲热讽的(contemptuous, sarcastic)

cheat /tʃiːt/ *v.* 欺骗；作弊 *n.* 欺骗；骗子

ferret /'ferɪt/ *vt.* 搜索(search)

labour /'leɪbə(r)/ *n.* 劳动；劳动力，工人 *v.* 劳动；努力

派 laborious

fidelity /fɪ'deləti/ *n.* 忠诚(loyalty, faithfulness)，诚实，忠诚

infringe /ɪn'frɪndʒ/ *v.* 侵犯，侵害；违背，触犯(法规)；干涉，干扰

hasten /'heɪsn/ *v.* 催促；赶紧(hurry, quicken)

unite /ju'naɪt/ *v.* 联合；合并；统一

firm /fɜːm/ *n.* 公司；商行 *v.* (使)变得坚实 *a.* 结实的；严格的

spiral /'spaɪrəl/ *a.* 螺旋形的，盘旋的 *v.* 盘旋上升(或下降)；(物价等)急剧增长 *n.* 螺旋形；逐渐加速上升(或下降)

subsequent /'sʌbsɪkwənt/ *a.* 随后的，后来的(following, later)

plague /pleɪg/ *n.* 瘟疫；麻烦；苦恼 *v.* 使…困扰，使…烦恼

lecture /'lektʃə(r)/ *n. & v.* 讲课，演讲

barrel /'bærəl/ *n.* 桶；圆筒；枪管 *v.* 装桶

convalesce /ˌkɒnvə'les/ *vi.* 恢复健康，渐愈，复原(rally, recuperate)

cherish /ˈtʃerɪʃ/ *vt.* 珍爱(care for)

accomplish /əˈkʌmplɪʃ/ *vt.* 达到(目的)，完成(任务)，实现(计划、诺言等)

rage /reɪdʒ/ *n.* 激怒，愤怒(fury, anger)

weigh /weɪ/ *v.* 称重；认真考虑，权衡

medium /ˈmiːdiəm/ *n.* 媒质，媒介；工具，手段；(细菌等的)生存环境 *a.* 中等的；平均的

gobble /ˈgɒbl/ *v.* 狼吞虎咽，大口猛吃；〈口〉贪婪地抓住，急切地抓住

diplomacy /dɪˈpləʊməsi/ *n.* 外交；外交手段

pedagogy /ˈpedəgɒdʒi/ *n.* 教学，教授法；教育学

aggregate /ˈægrɪgət/ *n.* 合计，总计；集合体

critic /ˈkrɪtɪk/ *n.* 批评家；爱挑剔的人 派 criticism; criticize

blink /blɪŋk/ *n.* 眨眼；一瞬间 *v.* 眨眼；闪烁；否认

charitable /ˈtʃærətəbl/ *a.* 慷慨的(generous)；慈善的(benevolent)

probability /ˌprɒbəˈbɪləti/ *n.* 可能性；或然性；概率

award /əˈwɔːd/ *n.* 奖；评判；授予 *vt.* 授予；给予

peculiar /pɪˈkjuːliə(r)/ *a.* 奇特的；罕见的；独特的

ingenuity /ˌɪndʒəˈnjuːəti/ *n.* 心灵手巧，足智多谋；巧妙，精巧

interview /ˈɪntəvjuː/ *v. & n.* 接见，会见；采访；面试

notable /ˈnəʊtəbl/ *a.* 值得注意的；显著的(noticeable, apparent)

colonial /kəˈləʊniəl/ *n.* 殖民地居民 *a.* 殖民地的；关于殖民的

form /fɔːm/ *n.* 形式；外形；表格 *v.* (使)形成，(使)出现

deflation /ˌdiːˈfleɪʃn/ *n.* 通货紧缩

brighten /ˈbraɪtn/ *vt.* 使快活，使高兴

vanish /ˈvænɪʃ/ *vi.* 突然消失；不复存在，消逝

besides /bɪ'saɪdz/ *prep.* 除…之外 *ad.* 而且

propose /prə'pəʊz/ *v.* 提议，建议；提名，推荐；打算；(向某人)求婚 派 proposition; proposal

imbalance /ɪm'bæləns/ *n.* 不平衡，不均衡

monarch /'mɒnək/ *n.* 君主(king, queen, ruler) 派 monarchy

ecstasy /'ekstəsi/ *n.* 恍惚；狂喜

deduct /dɪ'dʌkt/ *vt.* 扣除，减除(discount, subtract) 派 deduction

flippancy /'flɪpənsi/ *n.* 轻率，浮躁

alumna /ə'lʌmnə/ *n.* 女毕业生，女校友(alumnus)

elucidate /i'luːsɪdeɪt/ *vt.* 阐明，说明(clarify, explain)

contemporary /kən'temprəri/ *a.* 当代的，同时代的；现代的(modern, current)

bewitch /bɪ'wɪtʃ/ *vt.* 施魔法于，蛊惑(enchant, hex)

expire /ɪk'spaɪə(r)/ *v.* 终止；到期

memorandum /ˌmemə'rændəm/ *n.* 备忘录；便笺

nature /'neɪtʃə(r)/ *n.* 自然界；性质；自然；本性 派 natural

honest /'ɒnɪst/ *a.* 诚实的；正直的

tamper /'tæmpə(r)/ *v.* 损害，干预；乱弄

lucrative /'luːkrətɪv/ *a.* 有利可图的，赚钱的

bold /bəʊld/ *a.* 粗(字)体的；大胆的(daring, brave)，鲁莽的，勇敢的；醒目的

impeach /ɪm'piːtʃ/ *vt.* 弹劾；控告(accuse)

ablaze /ə'bleɪz/ *a.* 闪耀的(gleaming, glowing)

rudimentary /ˌruːdɪ'mentri/ *a.* 基本的，初步的；未充分发展的，发育不成熟的；退化的

flip /flɪp/ *n. & v.* 轻弹；抛掷；翻阅

infest /ɪn'fest/ *v.* (指老鼠、害虫、盗贼等)大批出没，成群出现；遍布

prey /preɪ/ *n.* 猎物，捕获物；牺牲品，战利品 *vi.* 捕食；折磨，使烦恼；掠夺

halt /hɔːlt/ *v.* 暂停；踌躇；停住 *n.* 暂停

vivid /ˈvɪvɪd/ *a.* 生动的；鲜艳的；活泼的

footnote /ˈfʊtnəʊt/ *n. & v.* (做)脚注；补充说明

bequest /bɪˈkwest/ *n.* 遗产；遗传(legacy, heritage)

lash /læʃ/ *n.* 鞭子 *v.* 鞭打；责骂；抨击

recalcitrant /rɪˈkælsɪtrənt/ *a.* 反抗的，反对的，顽抗的(opposing)

photography /fəˈtɒgrəfi/ *n.* 摄影术，摄影

opulent /ˈɒpjələnt/ *a.* 豪华的，华丽的，富裕的；丰富的，丰饶的

equip /ɪˈkwɪp/ *vt.* 装备，配备；使有能力，使有准备
派 equipment

rekindle /ˌriːˈkɪndl/ *vt.* 重新点燃；使复苏

objection /əbˈdʒekʃn/ *n.* 反对；反对的理由

adjacent /əˈdʒeɪsnt/ *a.* 邻近的(adjoining, neighboring)，毗连的

movement /ˈmuːvmənt/ *n.* 运动；进展；[音](交响乐)乐章

insomnia /ɪnˈsɒmniə/ *n.* 失眠，失眠症

grudge /grʌdʒ/ *n.* 不满，积怨，怀恨 *v.* 勉强做；不情愿地给，吝惜

detour /ˈdiːtʊə(r)/ *n.* 弯路，便道 *v.* 迂回，绕道

aggravate /ˈægrəveɪt/ *vt.* 恶化，加重，加剧

accommodate /əˈkɒmədeɪt/ *vt.* 容纳(contain, load)；供应；适应；提供；为(某人)提供住宿

emotion /ɪˈməʊʃn/ *n.* 感情；情绪 派 emotional

raise /reɪz/ *v.* 举起；提高；抚养；筹集(资金)

fetishism /ˈfetɪʃɪzəm/ *n.* 拜物主义，物神崇拜，盲目崇拜

badge /bædʒ/ *n.* 徽章；标记；象征

explode /ɪk'spləʊd/ *v.* (使)爆炸(blast) 派 explosion
pediatrician /ˌpiːdiə'trɪʃn/ *n.* 儿科医师
profane /prə'feɪn/ *vt. & a.* 亵渎(的)(humiliating, disrespectful)
fluctuate /'flʌktʃueɪt/ *v.* (使)涨落，(使)起伏；(使)变化 派 fluctuation
harry /'hæri/ *vt.* 掠夺；折磨(harass, pester)
teamwork /'tiːmwɜːk/ *n.* 协力合作，团队合作；配合
company /'kʌmpəni/ *n.* 同伴，共事者，伙伴

Unit 5

antique /æn'tiːk/ *a.* 古时的，古老的 *n.* 古物，古董
advantage /əd'vɑːntɪdʒ/ *n.* 优点，优势
ethereal /i'θɪəriəl/ *a.* 轻的(light)；天上的；优美的(delicate)
giggle /'gɪgl/ *n. & v.* 傻笑
wagon /'wægən/ *n.* 四轮马车；大篷车
justify /'dʒʌstɪfaɪ/ *v.* 证明…为正当的；为…辩护
vantage /'vɑːntɪdʒ/ *n.* 优势；有利情况；有利地位
symbolic /sɪm'bɒlɪk/ *a.* 象征的，符号的(token)
dissentious /dɪ'senʃəs/ *a.* 好争论的，争吵的
detain /dɪ'teɪn/ *v.* 拘留；留住；阻止
famish /'fæmɪʃ/ *vt.* 使挨饿
display /dɪ'spleɪ/ *vt. & n.* 陈列，展览；显示，表现
tentative /'tentətɪv/ *a.* 试验性的；试探的；初步的
otherwise /'ʌðəwaɪz/ *ad.* 另样，用别的方法；在其他方面；要不然，否则
tensile /'tensaɪl/ *a.* 拉力的，张力的；可延展的，可伸长的
pancreatic /ˌpæŋkri'ætɪk/ *a.* 胰脏的；胰腺的
confiscate /'kɒnfɪskeɪt/ *vt.* 没收，充公(seize)
hoodwink /'hʊdwɪŋk/ *vt.* 遮眼，欺骗，蒙蔽

ruffle /ˈrʌfl/ *n.* 褶皱；花边 *v.* 弄皱；激怒；扰乱

epic /ˈepɪk/ *n.* 史诗；伟大事迹 *a.* 雄浑的；大规模的

indicate /ˈɪndɪkeɪt/ *v.* 标示，表示，表明；象征；暗示，示意 派 indication

obligation /ˌɒblɪˈgeɪʃn/ *n.* 义务，职责，责任 派 obligatory

reproduction /ˌriːprəˈdʌkʃn/ *n.* 复制品(copy) 派 reproductive

obsess /əbˈses/ *v.* 使着迷；使困扰 派 obsession; obsessive

sponge /spʌndʒ/ *n.* 海绵；海绵体；海绵状物

amaze /əˈmeɪz/ *vt.* 使惊奇，使惊愕

invoice /ˈɪnvɔɪs/ *n.* 发票 *vt.* 给…开发票

buffet /ˈbʊfeɪ/ *n.* 小卖部；自助餐

cure /kjʊə(r)/ *n.* & *v.* 治愈，治疗

fervent /ˈfɜːvənt/ *a.* 白热的；强烈的(ardent)

embed /ɪmˈbed/ *vt.* 把…嵌入(或埋入、插入)，扎牢；使深留脑中 派 embedment

sketch /sketʃ/ *n.* 草图(drawing, chart) *v.* 勾画(compose, outline)

inordinate /ɪnˈɔːdɪnət/ *a.* 无节制的，过度的(excessive, immoderate)

composite /ˈkɒmpəzɪt/ *n.* 合成物；复合材料 *a.* 混合的，复合的 派 composition

fledgling /ˈfledʒlɪŋ/ *n.* 初出茅庐的人；(刚会飞的)幼鸟

quell /kwel/ *v.* 压制；消除；减轻

indecent /ɪnˈdiːsnt/ *a.* 下流的，不得体的，不雅的

desperate /ˈdespərət/ *a.* 绝望的；拼命的，不顾一切的；极度渴望的；危急的

neurologist /njʊəˈrɒlədʒɪst/ *n.* 神经学者，神经科专门医师

urban /ˈɜːbən/ *a.* 城市的，市内的(metropolitan)
派 urbanization

banish /ˈbænɪʃ/ *vt.* 驱逐出境(exile，expel)；禁止…出入

encircle /ɪnˈsɜːkl/ *vt.* 环绕，围绕，包围

overcome /ˌəʊvəˈkʌm/ *v.* 克服(困难)，战胜

basis /ˈbeɪsɪs/ *n.* 基础；根据；原则

military /ˈmɪlətri/ *a.* 军事的，军用的

responsible /rɪˈspɒnsəbl/ *a.* 有责任的；可靠的；负责的
派 responsibility

assign /əˈsaɪn/ *vt.* 分配，指派(allot, distribute)

indigenous /ɪnˈdɪdʒənəs/ *a.* 本土的；固有的；土生土长的

compass /ˈkʌmpəs/ *n.* 指南针；圆规；界限 *v.* 达到；围绕；图谋

crave /kreɪv/ *vt.* 渴求(desire, yearn) 派 craving

malnutrition /ˌmælnjuːˈtrɪʃn/ *n.* 营养失调，营养不良

intact /ɪnˈtækt/ *a.* 完整无缺的；尚未被人碰过的(undamaged, sound)

sinister /ˈsɪnɪstə(r)/ *a.* 不祥的；危险的；邪恶的

malcontent /ˈmælkəntent/ *a.* 不满的 *n.* 不满者

militant /ˈmɪlɪtənt/ *n.* 好斗的人，斗士 *a.* 激进的，好战的；交战中的；积极行动的

preliminary /prɪˈlɪmɪnəri/ *a.* 开端的，预备的，初步的 *n.* [常*pl.*] 初步做法，起始行为

foregoing /ˈfɔːɡəʊɪŋ/ *a.* 在前的；前述的

belief /bɪˈliːf/ *n.* 信仰，信条；相信

cocky /ˈkɒki/ *a.* 骄傲自大的；趾高气扬的

urge /ɜːdʒ/ *v.* 推进；催促(advocate, encourage, impel, press) 派 urgent

vacant /ˈveɪkənt/ *a.* 空的(empty)；未被占用的(unoccupied)
派 vacancy

convex /'kɒnveks/ *a.* 凸出的，凸面的

unabridged /ˌʌnə'brɪdʒd/ *a.* (指小说、戏剧、讲话等)未删节的，全文的

heedless /'hiːdləs/ *a.* 不留心的

contrast /'kɒntraːst/ *n.* 对比；对照 *v.* 对比；对照；形成对比

inappropriate /ˌɪnə'prəʊpriət/ *a.* 不适当的；不合适的

negligible /'neglɪdʒəbl/ *a.* 可以忽略的，不予重视的(insignificant, minimal) 派 negligence

flaunt /flɔːnt/ *v.* 炫耀；张扬

delivery /dɪ'lɪvəri/ *n.* 交付；递送；分娩

grand /grænd/ *a.* 盛大的，壮丽的(splendid, magnificent)

impeccable /ɪm'pekəbl/ *a.* 无瑕的(faultless, stainless)

bump /bʌmp/ *n.* 肿块；突起 *v.* 碰(伤)，撞(破)

freeze /friːz/ *n. & v.* 冻结；凝固

conference /'kɒnfərəns/ *n.* 会议，讨论会，协商会；会谈

stuffy /'stʌfi/ *a.* 不透气的，(空气)不新鲜的，不通风的；乏味的

landmark /'lændmaːk/ *n.* 风景 *vt.* 对…做景观美化，美化(自然环境等)

limb /lɪm/ *n.* 肢，臂；树枝

conjunction /kən'dʒʌŋkʃn/ *n.* 结合；关联；连接词

glide /glaɪd/ *n.* 滑行 *v.* 滑动；消逝

kindergarten /'kɪndəgaːtn/ *n.* 幼儿园

descriptive /dɪ'skrɪptɪv/ *a.* 描述的，叙述的

parental /pə'rentl/ *a.* 父的；母的；父母(般)的

opinion /ə'pɪnjən/ *n.* 意见，看法；主张

regular /'regjələ(r)/ *a.* 规则的；周期性的；经常的
派 regularity

futile /'fjuːtaɪl/ *a.* 无效的，无用的，无意义的；(人)没出息的；琐细的

congregate /ˈkɒŋgrɪgeɪt/ *vt.* 聚集(assemble, gather)，集合

outfit /ˈaʊtfɪt/ *n.* 装备；全部用品；全套衣服 *v.* 配备；供应

infuriate /ɪnˈfjʊərieɪt/ *a.* 狂怒的(agitated, enraged)

liquid /ˈlɪkwɪd/ *n.* 液体 *a.* 液体的，液态的

recapture /ˌriːˈkæptʃə(r)/ *vt.* 重获，收复

opponent /əˈpəʊnənt/ *n.* 敌手，对手；反对者 *a.* 对立的，对抗的

grumpy /ˈgrʌmpi/ *a.* 坏脾气的，性情暴躁的(ill-tempered)

Mediterranean /ˌmedɪtəˈreɪniən/ *a.* 地中海(式)的 *n.* 地中海

elasticity /ˌiːlæˈstɪsəti/ *n.* 弹力，弹性；伸缩性；灵活性

palpable /ˈpælpəbl/ *a.* 明显可知的，易觉察的(perceptible)

tributary /ˈtrɪbjətri/ *n.* (河流的)支流；附属国 *a.* 进贡的；从属的；辅助的；支流的

forbid /fəˈbɪd/ *v.* 禁止，阻止

snap /snæp/ *v.* 咔嚓折断，啪地绷断；(啪的一声)打开(或关上)；咬；厉声说话，怒声责斥 *n.* 咔嚓声 *a.* 突然的，匆忙的

Word List 3

Unit 1

音频

enclose /ɪn'kləʊz/ *vt.* 围住；附上；把…装入信封

clamour /'klæmə(r)/ *n.* 叫嚣(uproar, hubbub)；喧闹，吵闹

affinity /ə'fɪnəti/ *n.* 密切关系；吸引力

deplete /dɪ'pliːt/ *vt.* 耗尽，使衰竭 (exhaust)

minus /'maɪnəs/ *n.* 负数 *a.* 负的；减的

detract /dɪ'trækt/ *vi.* 去掉；减损(lessen, derogate)

elect /ɪ'lekt/ *vt.* 选举，推举；选择，决定 派 election; elective

impotence /'ɪmpətəns/ *n.* 无力，虚弱(powerlessness) 派 impotent

blockbuster /'blɒkbʌstə(r)/ *n.* (破坏力极大的)巨型炸弹；一鸣惊人者

feeble /'fiːbl/ *a.* 虚弱的，衰弱的，无力的(weak)

endure /ɪn'djʊə(r)/ *vt.* 忍受，容忍(bear, tolerate)

brazen /'breɪzn/ *a.* 黄铜制的，黄铜色的；厚颜无耻的

pour /pɔː(r)/ *v.* 灌，倒；倾泻，涌流；喷发；不断涌现

decline /dɪ'klaɪn/ *n.* & *vi.* 下降(decrease, drop)；下滑；下倾

charge /tʃɑːdʒ/ *n.* 价钱，费用；管理；照管；掌管；控告，指控；电荷，电量 *v.* 索取(金额)，要价；控告，指控；委以；指示；(使)充电(fill, replenish)

utterance /'ʌtərəns/ *n.* 用言语表达，讲话；话语，言语，言论

arrogant /'ærəgənt/ *a.* 傲慢的，自大的

chronic /ˈkrɒnɪk/ *a.* (疾病)慢性的；积习难改的
派 chronical

develop /dɪˈveləp/ *v.* 发展；生长，形成；开发

electric /ɪˈlektrɪk/ *a.* 电的；电动的 派 electrically

estimate /ˈestɪmət/ *n. & v.* 估计，估量；估价；评价 派 estimable

vain /veɪn/ *a.* 徒然的；无益的；空虚的

exert /ɪɡˈzɜːt/ *v.* 发挥；运用；施加

despite /dɪˈspaɪt/ *n.* 憎恨；轻视 *prep.* 尽管；不管
派 despicable

etiquette /ˈetɪket/ *n.* 礼节

expedition /ˌekspəˈdɪʃn/ *n.* 远征，探险，考察；(短途的)旅行，出行；远征队，探险队，考察队 派 expedite; expeditious

slander /ˈslɑːndə(r)/ *n.* 诋毁，中伤，诽谤(罪) *vt.* 诋毁，诽谤

obsolete /ˈɒbsəliːt/ *n.* 废词；陈腐的人 *a.* 荒废的；陈旧的

race /reɪs/ *n.* 赛跑；竞争；人种；种族，血统 *v.* 赛跑；竞赛 派 racial

detect /dɪˈtekt/ *vt.* 发现，察觉(discover)；侦查，探测(explore) 派 detective

confine /kənˈfaɪn/ *n.* 范围；界限；约束，限制 *v.* 限制；禁闭

satisfy /ˈsætɪsfaɪ/ *vt.* 满足；使满意；符合，达到(要求、标准等)；使确信 派 satisfaction; satisfactory

onwards /ˈɒnwədz/ *ad.* 向前地，前进地

lurk /lɜːk/ *n. & v.* 埋伏；潜伏；隐藏

daring /ˈdeərɪŋ/ *a.* 大胆的，勇敢的(bold, audacious)

introspection /ˌɪntrəˈspekʃn/ *n.* 内省，反省

detergent /dɪˈtɜːdʒənt/ *a.* 净化的，清洁的 *n.* 清洁剂

inflate /ɪnˈfleɪt/ *v.* 使充气，使膨胀；使得意，使骄傲；抬高(物价)，使(通货)膨胀

apply /ə'plaɪ/ *v.* 申请；应用，使用；涉及 派 applied; application; applicable

burrow /'bʌrəʊ/ *v.* 挖掘，钻进；翻寻 *n.* 地洞

point /pɔɪnt/ *n.* 尖，尖端；点，小数点；条款，细目；分数，得分；要点，论点，观点

facet /'fæsɪt/ *n.* 方面(aspect)

valiant /'væliənt/ *a.* 英勇的(courageous, dauntless, intrepid)

repel /rɪ'pel/ *vt.* 击退，驱逐；抵制，拒绝；使反感，使厌恶

comment /'kɒment/ *n.* 注释，评论，意见 *v.* 注释，评论 派 commentary; commentator

casual /'kæʒuəl/ *a.* 偶然的，碰巧的，不经意的；临时的，非正式的(informal)

capital /'kæpɪtl/ *n.* 资本，资金；资产

erupt /ɪ'rʌpt/ *v.* 喷发；爆发 派 eruptive; eruption

apparent /ə'pærənt/ *a.* 明显的；表面上的

painstaking /'peɪnzteɪkɪŋ/ *a.* 需细心的，辛苦的，煞费苦心的；勤勉的；刻苦的 *n.* 辛苦；勤勉；刻苦

typical /'tɪpɪkl/ *a.* 典型的，有代表性的；特有的

cosmic /'kɒzmɪk/ *a.* 宇宙的；广大无边的

enmity /'enməti/ *n.* 敌意，仇恨(hostility, antagonism, animosity)

attract /ə'trækt/ *vt.* 吸引，招引，引诱，引起(注意等) 派 attraction

creep /kriːp/ *v.* 爬；蹑手蹑脚；蔓延

interface /'ɪntəfeɪs/ *n.* 界面；接口；接合点

faithless /'feɪθləs/ *a.* 背信弃义的，不忠的，无信义的

identify /aɪ'dentɪfaɪ/ *v.* 认出，识别；辨别；查明；确定；视…(与…)为同一事物

oriental /ˌɔːri'entl/ *a.* 亚洲的；东方的

disintegrate /dɪsˈɪntɪgreɪt/ *v.* (使)碎裂，瓦解，解体

cultivate /ˈkʌltɪveɪt/ *vt.* 耕种(till)；培养(foster, train)
派 cultivation; cultivable

monumental /ˌmɒnjuˈmentl/ *a.* 纪念碑的，纪念物的；不朽的，有重大意义的

circuit /ˈsɜːkɪt/ *n.* 巡回；线路；环形；电路

gibe /dʒaɪb/ *vt. & n.* 讥笑(deride, ridicule, mock, make fun of)

adaptation /ˌædæpˈteɪʃn/ *n.* 适应；改编；改制物

archive /ˈɑːkaɪv/ *n.* 档案；档案室 *vt.* 存档

outright /ˈaʊtraɪt/ *a. & ad.* 直率的(地)；完全的(地)；彻底的(地)

impure /ɪmˈpjʊə(r)/ *a.* 脏的，不纯洁的(adulterated, unrefined)

intolerable /ɪnˈtɒlərəbl/ *a.* 无法忍受的，难以容忍的

incorruptible /ˌɪnkəˈrʌptəbl/ *a.* 廉洁的

subliminal /ˌsʌbˈlɪmɪnl/ *a.* 下意识的，潜意识的

concur /kənˈkɜː(r)/ *v.* 同时发生；同意(consent)，一致

fright /fraɪt/ *n.* 惊吓，恐怖(discord, attrition)

inviolable /ɪnˈvaɪələbl/ *a.* 不可侵犯的，不容亵渎的，不容破坏的

multiply /ˈmʌltɪplaɪ/ *v.* (使)增加，(使)繁殖；乘

secure /sɪˈkjʊə(r)/ *v.* 得到某物，获得；防护，保卫 *a.* 安全的；可靠的，放心的 派 security

concede /kənˈsiːd/ *vi.* 让步；承认(admit, accept)

empower /ɪmˈpaʊə(r)/ *v.* 授权；使能够；准许

intercept /ˌɪntəˈsept/ *vt.* 中途拦截；阻止(hold back, stop)

optimum /ˈɒptɪməm/ *a.* 最适合的，最佳的，最优的

negotiate /nɪˈgəʊʃieɪt/ *v.* 洽谈，协商；商定，达成；顺利通过 派 negotiable

myth /mɪθ/ *n.* 神话，虚构的故事；错误的看法
派 mythology; mystery; mysterious

manifest /'mænɪfest/ *a.* 明显的 *vt.* 表明，显示 *n.* 货物清单
派 manifestation

defame /dɪ'feɪm/ *vt.* 诽谤，损毁名誉(slander, malign)

convection /kən'vekʃn/ *n.* 传送；对流 派 conveyance

bestow /bɪ'stəʊ/ *vt.* 利用，赠予

instinct /'ɪnstɪŋkt/ *n.* 本能，天性；直觉 派 instinctive

parliament /'pɑːləmənt/ *n.* 议会，国会 派 parliamentary

relieve /rɪ'liːv/ *v.* 减轻；解除；援救

associate /ə'səʊʃieɪt/ *v.* 使联合；使有联系；交往

crash /kræʃ/ *v.* 碰撞；冲，闯；倒下，坠落；发出撞击(或爆裂)声；垮台，破产 *n.* 碰撞；坠落，坠毁；破裂声，撞击声 *a.* 速成的

command /kə'mɑːnd/ *vt.* 命令；指挥

regional /'riːdʒənl/ *a.* 局部范围的；地方(性)的，区域性的；全地区的，整个地区的

contemptible /kən'temptəbl/ *a.* 可鄙的(mean, despicable)

ferocity /fə'rɒsəti/ *n.* 凶猛，残忍，暴行(barbarity, brutality) 派 ferocious

endow /ɪn'daʊ/ *vt.* 资助，捐赠，认为……有某种特质

double /'dʌbl/ *n.* & *v.* 双倍，双份 *a.* 成双的，两倍的 *ad.* 双份地，两倍地

feature /'fiːtʃə(r)/ *n.* 特征；容貌 *v.* 特写

diabetes /ˌdaɪə'biːtiːz/ *n.* 糖尿病

Unit 2

fog /fɒg/ *n.* 雾；朦胧；困惑 *v.* 以雾笼罩；困惑

positive /'pɒzətɪv/ *a.* 肯定的；实际的；积极的

glimpse /glɪmps/ *vt.* 瞥见 *n.* 一瞥，一看

contemptuous /kən'temptʃuəs/ *a.* 藐视的；傲慢的(arrogant, haughty)

malleable /'mæliəbl/ *a.* 有延展性的(pliable)，可锻的

acquire /ə'kwaɪə(r)/ *vt.* 获得，取得(gain, earn, obtain)；学到 派 acquisition

everlasting /ˌevə'lɑːstɪŋ/ *a.* 永恒的；持久的；无止境的

adequate /'ædɪkwət/ *a.* 足够的(sufficient)；适当的；充足的

excuse /ɪk'skjuːs/ *n.* 借口(reason) 派 excusable

vaporize /'veɪpəraɪz/ *v.* (使)蒸发；(使)汽化 派 vapor

conscious /'kɒnʃəs/ *a.* 自觉的；意识到的；神志清醒的

inconceivable /ˌɪnkən'siːvəbl/ *a.* 不可思议的(unimaginable，unthinkable)

outcome /'aʊtkʌm/ *n.* 结果，成果；后果；结局；出口，输出量

vibrant /'vaɪbrənt/ *a.* 振动的；活泼的，充满生气的；兴奋的

episode /'epɪsəʊd/ *n.* 一段情节；插曲 派 episodic

reception /rɪ'sepʃn/ *n.* 接收，接受；接待，招待会；接收效果

fit /fɪt/ *a.* 适合的(suitable)

embankment /ɪm'bæŋkmənt/ *n.* 筑堤；堤岸，路基

bellow /'beləʊ/ *vi.* 怒吼，咆哮(roar, yell, shout)

persuade /pə'sweɪd/ *v.* 说服，劝说；使相信 派 persuasion

slice /slaɪs/ *v.* 把…切成片，削 *n.* 薄片，切片；份，部分

megacity /ˈmegəsɪti/ *n.* (人口超过100万的)大城市

feather /ˈfeðə(r)/ *n.* 羽毛，翎毛

antidote /ˈæntidəʊt/ *n.* 解毒剂；矫正方法；对抗手段

operate /ˈɒpəreɪt/ *vt.* 操纵(manipulate, navigate, steer)；运转；动手术；起作用；经营

mishandle /ˌmɪsˈhændl/ *vt.* 粗暴地对待；错误地处理，胡乱操作

penetrate /ˈpenətreɪt/ *v.* 穿过；渗透；突破 派 penetration

background /ˈbækgraʊnd/ *n.* 背景；经历；后台；不重要或不引人注目的地方

architect /ˈɑːkɪtekt/ *n.* 建筑师，设计师；创造者 派 architecture

appearance /əˈpɪərəns/ *n.* 出现；外观

rejuvenate /rɪˈdʒuːvəneɪt/ *vt.* 使年轻，使复原 *vi.* 返老还童，复原

preeminent /ˌpriː ˈemɪnənt/ *a.* 卓越的(prominent, outstanding)

nationality /ˌnæʃəˈnæləti/ *n.* 国籍；国家，民族；民族性

prod /prɒd/ *vt.* 刺激(poke, spur)

countless /ˈkaʊntləs/ *a.* 无数的(innumerable)，数不尽的，不计其数的

oscillate /ˈɒsɪleɪt/ *v.* 摆动；波动，踌躇

veracious /vəˈreɪʃəs/ *a.* 诚实的，说实话的

capable /ˈkeɪpəbl/ *a.* 有能力的(able)；能够的

enumerate /ɪˈnjuːməreɪt/ *vt.* 列举；枚举

adventurous /ədˈventʃərəs/ *a.* 喜欢冒险的，敢作敢为的；充满危险和刺激的，惊险的

superior /suːˈpɪəriə(r)/ *a.* 上级的，(在职位、地位等方面)较高的；优越的，优于…的，较…多的；优良的，卓越的；有优越感的，高傲的 *n.* 上级，长官 派 superiority

abuse /ə'bjuːs/ *n. & v.* 滥用，妄用；虐待，伤害；辱骂，毁谤

bait /beɪt/ *n.* 饵，引诱物(lure)

pregnant /'pregnənt/ *a.* 怀孕的，妊娠的；充满的

dilate /daɪ'leɪt/ *vt.* 使膨胀，使扩大(expand, widen)

flounder /'flaʊndə(r)/ *vi.* 踌躇

conspire /kən'spaɪə(r)/ *vi.* 阴谋，密谋(intrigue, plot)
派 conspiracy

keystone /'kiːstəʊn/ *n.* 拱顶石；(计划、论据等的)基础，主旨

overt /əʊ'vɜːt/ *a.* 明显的；公然的

indemnity /ɪn'demnəti/ *n.* 赔款，补偿；保证(reparation)

reiterate /ri'ɪtəreɪt/ *vt.* 重复，反复；反复地说，重申

insubordinate /ˌɪnsə'bɔːdɪnət/ *a.* 不服从的(disobedient, rebellious)

elapse /ɪ'læps/ *vi.* (时间)消逝(go by, pass)

barbaric /bɑː'bærɪk/ *a.* 野蛮的，粗鲁的；残暴的，残忍的；原始部落的

desirable /dɪ'zaɪərəbl/ *a.* 值得拥有的；合意的；可取的，有利的

disobey /ˌdɪsə'beɪ/ *v.* 不服从，违抗 派 disobedient

council /'kaʊnsl/ *n.* 理事会，委员会

innumerable /ɪ'njuːmərəbl/ *a.* 无数的(countless, numerous)，数不清的

bloom /bluːm/ *n.* 花；开花(期)；青春焕发(的时期) *v.* (使)开花

override /ˌəʊvə'raɪd/ *v.* 否决；压倒；优先于

infinite /'ɪnfɪnət/ *n.* 无穷 *a.* 无限的，无穷的；无边无际的

forge /fɔːdʒ/ *vt.* 伪造(feign, fabricate)

overnight /ˌəʊvə'naɪt/ *a.* 通宵的；晚上的；前夜的

incinerate /ɪn'sɪnəreɪt/ *vt.* 焚化，焚毁，把…烧成灰烬

breed /briːd/ *v.* 饲养，养殖，繁殖；养育，培育；酿成，招致 *n.* 种，品种

flake /fleɪk/ *n.* 薄片；火花 *v.* 剥落

foremost /'fɔːməʊst/ *a. & ad.* 最先的(地)；最重要的(地)；首要的(地)

contempt /kən'tempt/ *n.* 轻视，鄙视，不尊重；蔑视

ignominious /ˌɪgnə'mɪniəs/ *a.* 可耻的，不光彩的(disgraceful, humiliating)

objectify /əb'dʒektɪfaɪ/ *vt.* 使客观化；使具体化；物化

gain /geɪn/ *v.* 得到，赚到 (acquire, benefit, earn, profit, win)

indent /ɪn'dent/ *vt.* 缩排，缩进

persist /pə'sɪst/ *vi.* 坚持；维持，保持，持续 派 persistent

fortnight /'fɔːtnaɪt/ *n.* 两星期，十四天

kit /kɪt/ *n.* 成套工具 *vt.* 装备

disparage /dɪ'spærɪdʒ/ *vt.* 轻视(depreciate)；毁谤(denigrate)；贬抑，贬低

deposit /dɪ'pɒzɪt/ *v.* 存放；储蓄；使沉淀；付(保证金) *n.* 存款；保证金，押金；沉积物

ruthless /'ruːθləs/ *a.* 无情的，残忍的(merciless, inhumane)

dwindle /'dwɪndl/ *vi.* 减少(diminish, decrease)

prick /prɪk/ *v.* 刺，扎，戳；刺痛，刺伤 *n.* 刺，扎，戳；刺痛；刺痕；刺孔

flout /flaʊt/ *vt.* 嘲弄(scoff, despise)

luggage /'lʌgɪdʒ/ *n.* 行李，皮箱

haze /heɪz/ *n.* 薄雾；迷糊 *v.* 使雾气笼罩，使朦胧；变朦胧

invisible /ɪn'vɪzəbl/ *a.* 看不见的，无形的

transpire /træn'spaɪə(r)/ *vt.* 泄露

banquet /'bæŋkwɪt/ *n.* 宴会，盛会(feast)

decay /dɪ'keɪ/ *n.* 腐烂，腐朽；衰败(或衰退)状态 *v.* 腐烂，(使)腐败(rot, decompose)；衰败，衰退

grab /græb/ *v.* 抢夺；攫取，夺取

psychiatric /ˌsaɪki'ætrɪk/ *a.* 精神病的；治疗精神病的 派 psychiatrist

additive /'ædətɪv/ *n.* 添加剂 *a.* 附加的；添加的

stubborn /'stʌbən/ *a.* 顽固的，固执的

envisage /ɪn'vɪzɪdʒ/ *vt.* 展望，想象；面对

panacea /ˌpænə'siːə/ *n.* 万灵药

appeal /ə'piːl/ *vi.* 呼吁；起诉，上诉；吸引 *n.* 上诉，申诉；呼吁；感染力，吸引力

metropolitan /ˌmetrə'pɒlɪtən/ *a.* 首都的；主要都市的，大城市的

gossip /'gɒsɪp/ *n. & v.* 闲话，闲谈；流言，八卦

increment /'ɪŋkrəmənt/ *n.* 增值，增额

grasp /grɑːsp/ *vt.* 抓紧；掌握，全面理解 *n.* 抓住；支配；理解

continent /'kɒntɪnənt/ *n.* 大陆，陆地 派 continental

mast /mɑːst/ *n.* 桅杆；旗杆

Unit 3

intermediate /ˌɪntə'miːdiət/ *a.* 中间的，居中的

meddle /'medl/ *vi.* 干预(interfere, intervene)

peninsula /pə'nɪnsjələ/ *n.* 半岛

dull /dʌl/ *a.* 乏味的；阴沉的

match /mætʃ/ *n.* 火柴；比赛；对手；匹配 *v.* 匹配，相称；比得上；一致

visual /'vɪʒuəl/ *a.* 视觉的，用于视觉的

practical /'præktɪkl/ *a.* 实践的；实用的(pragmatic) 派 practicable

miniature /'mɪnətʃə(r)/ *n.* 缩小的模型，缩图，缩影 *a.* 微型的，缩小的(tiny)

atmosphere /'ætməsfɪə(r)/ *n.* 大气，空气

insatiable /ɪn'seɪʃəbl/ *a.* 不知足的，贪得无厌的

entwine /ɪn'twaɪn/ *vt.* 使缠住，使盘绕

enormous /ɪ'nɔːməs/ *a.* 巨大的(huge, vast, immense, tremendous)

headstrong /'hedstrɒŋ/ *a.* 顽固的(obstinate, stubborn)

keen /kiːn/ *a.* 热衷的，热心的，渴望的；敏锐的，敏捷的；激烈的，紧张的；锋利的

physical /'fɪzɪkl/ *a.* 身体的，肉体的；物理的，物理学的；物质的，有形的 *n.* 体检

innocent /'ɪnəsnt/ *a.* 无罪的，清白的 派 innocence

entertain /ˌentə'teɪn/ *vt.* 招待；娱乐(amuse)

captivate /'kæptɪveɪt/ *vt.* 迷惑(attract, fascinate, enamour)，抓住，捕获(capture, seize)

engross /ɪn'grəʊs/ *vt.* 使全神贯注，占去(某人的)全部注意力和时间

adultery /ə'dʌltəri/ *n.* 通奸，通奸行为

bureau /'bjʊərəʊ/ *n.* 办公室；机构；局；处；所 派 bureaucracy

multifaceted /ˌmʌlti'fæsɪtɪd/ *a.* 多方面的；包罗万象的

specific /spə'sɪfɪk/ *a.* 详细而精确的；明确的；特殊的 派 specification; specify

veteran /'vetərən/ *n.* 老兵；老手 *a.* 经验丰富的

mingle /'mɪŋgl/ *v.* (使)混合，(使)联结；相往来；混杂其中

dissipate /'dɪsɪpeɪt/ *v.* 消散(disappear)；消失；浪费(squander, waste)

float /fləʊt/ *n.* 漂流物 *v.* 浮动；飘浮

notion /'nəʊʃn/ *n.* 概念，观念；想法

snobbish /'snɒbɪʃ/ *a.* 势利的，谄上欺下的；自命不凡的

neutral /'nju:trəl/ *a.* 中立的；无明显特性的 派 neutralize

claim /kleɪm/ *v.* 要求；声称，主张；索赔 *n.* 要求；主张，断言；索赔

recognize /'rekəgnaɪz/ *vt.* 认识；认出；承认(acknowledge) 派 recognition

inflammable /ɪn'flæməbl/ *a.* 易燃的；易怒的

exude /ɪg'zju:d/ *vt.* 渗出，流出(discharge)

welfare /'welfeə(r)/ *n.* 福利；安宁；幸福；福利事业；社会安全 *a.* 福利的

emit /i'mɪt/ *vt.* 发出，放射 (discharge, give off)

relapse /rɪ'læps/ *vi.* 复发(recur)；回复

desert /'dezət/ *n.* 沙漠；荒地 *a.* 沙漠的；荒凉的 *v.* 舍弃

exquisite /ɪk'skwɪzɪt/ *a.* 精美的(delicate, fine, elaborate)

esoteric /ˌesə'terɪk/ *a.* 秘传的；只有内行才懂的；神秘的

involve /ɪn'vɒlv/ *vt.* 使卷入，使参与；牵涉，陷入，连累；包含，含有

erect /ɪ'rekt/ *v.* 竖立；建立 *a.* 直立的，笔直的

reminiscent /ˌremɪ'nɪsnt/ *n.* 回忆者；回忆录作者 *a.* 怀旧的；引人联想的 派 reminiscence

glance /glɑ:ns/ *n.* 瞥见

rebel /'rebl/ *n.* 造反者，叛逆者，反抗者 *v.* 造反，反叛 派 rebellion

paramount /'pærəmaʊnt/ *a.* 最重要的，决定性的 *n.* 最高统治者

jettison /'dʒetɪsn/ *vt.* 抛弃，丢弃 (discard)

upright /'ʌpraɪt/ *n.* 垂直，竖立 *a.* 垂直的

yearn /jɜ:n/ *v.* 渴望，盼望；向往

testify /'testɪfaɪ/ *v.* 证明，证实；作证(give evidence, verify)

loot /luːt/ *vt.* 掠夺(plunder, seize)

measure /ˈmeʒə(r)/ *n.* 手段；措施；量度 *v.* 测量，评估 派 measurement

exile /ˈeksaɪl/ *n.* 放逐，充军，流放；流犯，被放逐者 *vt.* 放逐，流放，使背井离乡(deport, banish)

indirect /ˌɪndəˈrekt/ *a.* 间接的，迂回的(circuitous, roundabout)

duplicate /ˈdjuːplɪkeɪt/ *a.* 复制的，副的；两重的，两倍的 *n.* 复制品，副本 派 duplication

petite /pəˈtiːt/ *a.* 小的，细的(slight)

agenda /əˈdʒendə/ *n.* 议程；议程表

hop /hɒp/ *n.* & *v.* 单脚跳，跳跃

constant /ˈkɒnstənt/ *a.* 经常的，不断的；坚定的，永恒的，忠实的；持续的，不变的 *n.* 常数，恒量

profuse /prəˈfjuːs/ *a.* 极其丰富的(abundant, exuberant)

surveillance /sɜːˈveɪləns/ *n.* 监视，盯梢

inhabit /ɪnˈhæbɪt/ *vt.* 居住于，栖息于(reside, dwell, occupy, live in) 派 inhabitant

fabricate /ˈfæbrɪkeɪt/ *v.* 编造；虚构；制造 派 fabrication

pretend /prɪˈtend/ *v.* 假装，装作；自以为 *a.* 假装的 派 pretension; pretentious

nurture /ˈnɜːtʃə(r)/ *vt.* 培养；滋养 *n.* 营养品 派 nutrient; nutrition; nutritious

far-reaching /fɑːˈriːtʃɪŋ/ *a.* 深入的；广泛的

rupture /ˈrʌptʃə(r)/ *n.* & *v.* 破裂，决裂(burst, breach)

thrift /θrɪft/ *n.* 节约(economy, frugality) 派 thrifty

studio /ˈstjuːdiəʊ/ *n.* 工作室；摄影室；练习室

notorious /nəʊˈtɔːriəs/ *a.* 声名狼藉的，臭名昭著的

magic /ˈmædʒɪk/ *n.* 魔法，法术；魅力，魔力 *a.* 有魔力的，神奇的 派 magician

adept /'ædept/ *n.* 老手；擅长者 *a.* 擅长的(adroit, apt)，拿手的

drizzle /'drɪzl/ *v.* 下细雨(rain, sprinkle)

illegible /ɪ'ledʒəbl/ *a.* 难辨认的(unreadable)

inherent /ɪn'hɪərənt/ *a.* 固有的；内在的；与生俱来的(natural, inborn, innate)

strenuous /'strenjuəs/ *a.* 费力的；艰辛的；热烈的

precipitation /prɪˌsɪpɪ'teɪʃn/ *n.* 降雨(量)，降水(量)；仓促，急躁；【化】沉淀作用

elevate /'elɪveɪt/ *vt.* 提升…的职位；举起；使更有修养 派 elevation; elevating

loathe /ləʊð/ *v.* 厌恶

manual /'mænjuəl/ *n.* 手册；指南 *a.* 手的；手动的

moreover /mɔːr'əʊvə(r)/ *ad.* 此外，而且

private /'praɪvət/ *a.* 私人的；私有的，私营的 派 privacy

sanction /'sæŋkʃn/ *v.* 批准，认可 *n.* 批准，认可；约束因素，约束力；［常*pl.*］国际制裁

ingredient /ɪn'griːdiənt/ *n.* (混合物的)组成部分，成分；(烹调的)原料；(构成)要素，因素

hierarchy /'haɪərɑːki/ *n.* 层次；层级，等级制度

exhale /eks'heɪl/ *vt.* 呼出(breathe out, respire)；发出；散发

compact /kəm'pækt/ *a.* 压缩的；密集的(packed) *v.* 压缩，使简练 派 compaction; compactness

presuppose /ˌpriːsə'pəʊz/ *vt.* 预先假定…属实；认为，假设；以…为先决条件，以…为前提

slight /slaɪt/ *a.* 轻微的，不足道的；纤细的，瘦弱的 *vt. & n.* 轻视，藐视，轻蔑

focus /'fəʊkəs/ *v.* (使)聚焦，(使)集中 *n.* 焦点，焦距；(注意力、活动等的)中心

intake /ˈɪnteɪk/ *n.* 吸入，纳入；进气口，入口

compulsive /kəmˈpʌlsɪv/ *a.* 强迫的(irresistible, obsessive)

派 compulsory

liquor /ˈlɪkə(r)/ *n.* 烈性酒；含酒精饮料

superficial /ˌsuːpəˈfɪʃl/ *a.* 表面的；肤浅的，浅薄的

landslide /ˈlændslaɪd/ *n.* 山崩；崩塌的泥石

execute /ˈeksɪkjuːt/ *vt.* 将…处死；实施，执行

派 execution; executive

mandate /ˈmændeɪt/ *n.* 委托，授权

fatuous /ˈfætʃuəs/ *a.* 愚昧的(foolish, stupid, indolent)

paradox /ˈpærədɒks/ *n.* 似非而是的论点，悖论

brim /brɪm/ *n.* 边，边缘 *v.* 装满；溢出

Unit 4

scroll /skrəʊl/ *n.* 卷轴；卷形物；名册 *v.* 滚屏；滚动

ostentation /ˌɒstenˈteɪʃn/ *n.* 卖弄；虚饰；炫耀

affinity /əˈfɪnəti/ *n.* 密切关系；吸引力

intangible /ɪnˈtændʒəbl/ *a.* 难以明了的；无形的

organ /ˈɔːgən/ *n.* 器官；(官方的)机构 派 organic

jaywalk /ˈdʒeɪwɔːk/ *vi.* 违反交通规则而乱穿马路

induce /ɪnˈdjuːs/ *vt.* 引诱，劝使；引起，导致；感应

派 induction; inductive

utter /ˈʌtə(r)/ *v.* 发出；表达 *a.* 完全的；彻底的

派 utterance; utterly

cooperation /kəʊˌɒpəˈreɪʃn/ *n.* 合作，协作；配合

hike /haɪk/ *v.* 徒步旅行；提高(价格等) *n.* 远足，徒步旅行；猛增

brand /brænd/ *n.* 商标，牌子；烙印

procrastination /prəʊˌkræstɪˈneɪʃn/ *n.* 耽搁，拖延

ancient /'eɪnʃənt/ *a.* 古老的；年老的

cabinet /'kæbɪnət/ *n.* 柜橱；内阁

flow /fləʊ/ *n.* 流程；流动(circulation) *v.* 流动 (travel)

volunteer /ˌvɒlən'tɪə(r)/ *v.* 自愿做，无偿做 *a.* 志愿的，义务的，无偿的 *n.* 志愿者 派 voluntary

indisposition /ˌɪndɪspə'zɪʃn/ *n.* 小病，不适宜(ailment)

smother /'smʌðə(r)/ *v.* 厚厚地覆盖；(使)窒息；把(火)闷熄

predecessor /'priːdɪsesə(r)/ *n.* 前辈，前任

belt /belt/ *n.* 腰带；传送带 *v.* 用带子系住

knot /nɒt/ *n.* (绳等的)结；(树的)节 *v.* 打结

ravage /'rævɪdʒ/ *vt.* 掠夺；破坏(devastate, ruin)

infection /ɪn'fekʃn/ *n.* 传染，感染，侵染，传播；传染病 派 infectious

contact /'kɒntækt/ *n.* 接触；联系 *vt.* 与…取得联系，联络

apprentice /ə'prentɪs/ *n.* 学徒(learner, novice) *v.* 当学徒

dissolve /dɪ'zɒlv/ *vi.* 溶解(melt)；液化(liquefy)；解散；结束

tramp /træmp/ *n.* 流浪；流浪汉 *v.* 徒步；践踏；流浪

poll /pəʊl/ *n.* 民意测验；政治选举，大选 *v.* 对…进行民意测验；获得…选票

exasperate /ɪg'zæspəreɪt/ *vt.* 激怒(annoy, irritate)

outcast /'aʊtkɑːst/ *n.* 被驱逐者；流浪者 *a.* 被逐的；被遗弃的

guideline /'gaɪdlaɪn/ *n.* [常*pl.*] 指导方针；准则，行动纲领

waterproof /'wɔːtəpruːf/ *a.* 防水的，不透水的

enroll /ɪn'rəʊl/ *v.* 登记；招收；使入伍(或入会、入学等) 派 enrollment

incompatible /ˌɪnkəm'pætəbl/ *a.* 不兼容的，不能和谐共存的，不协调的，合不来的

reimburse /ˌriːɪm'bɜːs/ *v.* 偿还；归还

gauche /gəʊʃ/ *a.* 笨拙的(awkward, clumsy, unapt)；粗鲁的

controvert /ˌkɒntrə'vɜːt/ *vt.* 反驳(deny, contradict)；辩论

novelty /'nɒvlti/ *n.* 新颖，新奇；新鲜

palatable /'pælətəbl/ *a.* 可口的，美味的；称心如意的

kidnap /'kɪdnæp/ *v.* 诱拐；绑架

assiduous /ə'sɪdjuəs/ *a.* 勤勉的(diligent, industrious)

lullaby /'lʌləbaɪ/ *n.* 催眠曲，摇篮曲

buffer /'bʌfə(r)/ *n.* 缓冲器；起缓冲作用的人(或物)

addict /'ædɪkt/ *n.* 吸毒成瘾的人，有瘾的人，对…入迷的人

wrap /ræp/ *n.* 外套；围巾；包裹 *v.* 包装；覆盖

balance /'bæləns/ *n.* 平衡；余额 *vt.* 平衡

vast /vaːst/ *a.* 巨大的；广阔的

portrait /'pɔːtreɪt/ *n.* 肖像，人像；描述(portrayal)

listless /'lɪstləs/ *a.* 倦怠的，没精打采的(sluggish, lifeless)

gymnastics /dʒɪm'næstɪks/ *n.* 体操；体育

dazzle /'dæzl/ *v.* 使目眩；使迷惑(blind, bewilder) *n.* 耀眼眩目；令人眼花缭乱的东西 派 dazzling

intimate /'ɪntɪmət/ *a.* 亲密的，密切的；私人的，个人的；小圈子内的 *n.* 至交，密友 *vt.* 暗示，提示，透露

panorama /ˌpænə'rɑːmə/ *n.* 全景；全景画；全景摄影

implication /ˌɪmplɪ'keɪʃn/ *n.* 牵连；含义；暗示

prosecute /'prɒsɪkjuːt/ *v.* 起诉；检举(accuse, charge)

lull /lʌl/ *n.* 暂停；麻痹 *v.* 平静，安静

expense /ɪk'spens/ *n.* 花费，开支；消费，消耗；代价，损失 派 expensive

graceful /'greɪsfl/ *a.* 优美的，优雅的

succumb /sə'kʌm/ *v.* 屈服，屈从；因…死亡

impede /ɪm'piːd/ *vt.* 阻碍，妨碍

surmount /sə'maʊnt/ *vt.* 克服(conquer, overcome)；登上；越过(exceed, surpass)

unprecedented /ʌn'presɪdentɪd/ *a.* 史无前例的，空前的

censorship /'sensəʃɪp/ *n.* 审查(制度)，检查(制度)

luxuriant /lʌg'ʒʊəriənt/ *a.* 繁茂的；肥沃的；丰富的

grind /graɪnd/ *n.* 〈口〉苦差事 *v.* 磨(碎)，碾；折磨

offer /'ɒfə(r)/ *n.* 提议(proposal) *vt.* 提出，提议(suggest, propose)

argumentation /ˌɑːgjumən'teɪʃn/ *n.* 辩论；论据

spoil /spɔɪl/ *v.* 损坏，破坏，糟蹋；宠坏，溺爱；(食物)变质 *n.* [常*pl.*] 战利品，掠夺物，赃物

cluster /'klʌstə(r)/ *n.* 串，丛；群集；住宅群 *v.* 丛生；成群

accord /ə'kɔːd/ *n. & v.* 一致；符合；协定

animation /ˌænɪ'meɪʃn/ *n.* 活泼；兴奋；动画片

cradle /'kreɪdl/ *n.* 摇篮；发源地

belligerent /bə'lɪdʒərənt/ *a.* 好战的(hostile, aggressive)；交战的

ease /iːz/ *n.* 容易；舒适 *v.* 缓和，减轻

blemish /'blemɪʃ/ *n. & vt.* 玷污(defect, flaw)

enhance /ɪn'hɑːns/ *vt.* 增加(raise, improve, heighten)；提高，增强，增进

lacking /'lækɪŋ/ *v.* 走得慢；落后(lack的ing形式) *a.* 缺少的，没有的

index /'ɪndeks/ *n.* 指数；索引 *v.* 编入索引

chaos /'keɪɒs/ *n.* 混乱(disorder)，混沌 派 chaotic

decouple /diː'kʌpl/ *v.* 减弱，减少

plunder /'plʌndə(r)/ *v.* 抢劫 *n.* 抢劫；战利品

reconcile /'rekənsaɪl/ *v.* 和解；和谐；顺从 派 reconciliation

direct /də'rekt/ *v.* 指挥，指示 *a.* 直接的，坦白的
派 direction

mangle /'mæŋgl/ *vt.* 撕裂，毁坏(mutilate)

lucid /'luːsɪd/ *a.* 明白易懂的；清晰的；神志清醒的

millennium /mɪ'leniəm/ *n.* 一千年，千禧年；(未来的)太平盛世

damp /dæmp/ *a.* 潮湿的 *n.* 潮湿，湿气 *vt.* 使潮湿；减弱，抑制；(使)沮丧

divine /dɪ'vaɪn/ *a.* 神的；神授的，天赐的

imagine /ɪ'mædʒɪn/ *v.* 想象；猜想 派 imagination

perfume /'pɜːfjuːm/ *n.* 香味，芳香；香水

magnet /'mægnət/ *n.* 磁铁，磁石；磁体；有吸引力的人或物

tutor /'tjuːtə(r)/ *v.* (给…)当家庭教师 *n.* 导师；家庭教师
派 tutorial

interact /ˌɪntər'ækt/ *vi.* 相互作用；相互影响 派 interaction

integrant /'ɪntɪgreɪt/ *a.* 部分的，构成整体的 *n.* 要素(element, factor, ingredient)

contain /kən'teɪn/ *vt.* 包含，容纳，装有；控制，阻止，遏制

horrify /'hɒrɪfaɪ/ *vt.* 使恐惧，使惊骇；使震惊；使感到厌恶

frontier /'frʌntɪə(r)/ *n.* 边境，边界；开发地区的边缘地带；［常*pl.*］前沿，新领域

announcement /ə'naʊnsmənt/ *n.* 宣布；通知

behaviour /bɪ'heɪvjə(r)/ *n.* 行为(conduct, deed)，举止

guzzle /'gʌzl/ *v.* 狂饮，暴饮；大量消耗

Unit 5

thoughtful /'θɔːtfl/ *a.* 深思的；有思想性的；体贴的

paddle /'pædl/ *n. & v.* 划桨；涉水

prehistoric /ˌpriːhɪ'stɒrɪk/ *a.* 史前的；陈旧的

democracy /dɪ'mɒkrəsi/ *n.* 民主(主义)；民主政治；民主国家

defence /dɪ'fens/ *n.* 防御，保护；辩护；答辩；［常*pl.*］防务工事 派 defendant; defend; defense

perjury /'pɜːdʒəri/ *n.* 伪誓，伪证

density /'densəti/ *n.* 密集；浓度，密度

bleed /bliːd/ *v.* 流血；敲诈

merit /'merɪt/ *n.* 优点；价值

seduce /sɪ'djuːs/ *vt.* 勾引，引诱；诱使，唆使

genuine /'dʒenjuɪn/ *a.* 真实的，真正的；诚恳的

clash /klæʃ/ *v.* 发生冲突；不协调；砰地相撞，发出刺耳的撞击声 *n.* 冲突；不协调；(金属等的)刺耳的撞击声

similar /'sɪmələ(r)/ *a.* 相似的，类似的 派 similarity; similarly

evasion /ɪ'veɪʒn/ *n.* 逃避 派 evasive

peak /piːk/ *n.* 高峰(mountain top)；尖端(summit, top)

hearsay /'hɪəseɪ/ *n.* 谣传，风闻(rumor, gossip)

biography /baɪ'ɒgrəfi/ *n.* 传记；传记文学

overbearing /ˌəʊvə'beərɪŋ/ *a.* 傲慢的(arrogant, haughty)

devious /'diːviəs/ *a.* 曲折的(circuitous)

stipulate /'stɪpjuleɪt/ *v.* 规定，明确要求；(作为条件)讲定，约定

hostile /'hɒstaɪl/ *n.* 敌对 *a.* 敌对的；敌方的 派 hostility

abstinence /'æbstɪnəns/ *a.* 有节制的，节约的 *n.* 节制；节欲；戒酒

ecosystem /'iːkəʊsɪstəm/ *n.* 生态系统

maintain /meɪn'teɪn/ *vt.* 维持，保持；维修，保养；坚持，主张；赡养，负担 派 maintenance

naughty /'nɔːti/ *a.* 顽皮的，淘气的，不听话的

disharmony /dɪs'hɑːməni/ *n.* 不一致；不和谐

mundane /mʌn'deɪn/ *a.* 世界的；世俗的；平凡的(secular, ordinary)

twist /twɪst/ *v.* 缠绕；捻；扭曲，弯曲 *n.* 弯曲

constrain /kən'streɪn/ *vt.* 强使，强逼(compel, force)

proclaim /prə'kleɪm/ *v.* 宣告，宣布，声明；显示(declare, announce)

foundation /faʊn'deɪʃn/ *n.* 基础；地基；创立

discourage /dɪs'kʌrɪdʒ/ *vt.* 使泄气，使灰心；阻止，劝阻

acute /ə'kjuːt/ *a.* 敏锐的(sharp)；急性的(疾病)

appendicitis /əˌpendə'saɪtɪs/ *n.* 阑尾炎，盲肠炎

Islamism /'ɪzləmɪzəm/ *n.* 伊斯兰教

asymmetric /ˌeɪsɪ'metrɪk/ *a.* 不均匀的，不对称的

nostalgia /nɒ'stældʒə/ *n.* 思家病，乡愁；向往过去，怀旧之情 派 nostalgic

immeasurable /ɪ'meʒərəbl/ *a.* 不可估量的

temporal /'tempərəl/ *a.* 世俗的(非宗教的)；现世的；时间的；暂时的

particle /'pɑːtɪkl/ *n.* 颗粒，微粒；粒子；微量

sensation /sen'seɪʃn/ *n.* (感官的)感觉能力；感觉，知觉；轰动，引起轰动的事件(或人物) 派 sensational; sense; sensible; sensitive; sensory; sentiment

malevolent /mə'levələnt/ *a.* 恶意的(malicious, spiteful)；恶毒的

disavowal /ˌdɪsə'vaʊəl/ *n.* 不承认，否认；拒绝

cohabitation /ˌkəʊˌhæbɪ'teɪʃn/ *n.* 同居，同住

internecine /ˌɪntə'niːsaɪn/ *a.* 两败俱伤的；内部冲突的

interdisciplinary /ˌɪntədɪsəˈplɪnəri/ *a.* 各学科间的

hardheaded /ˌhɑːdˈhedɪd/ *a.* 顽固的(stubborn, obstinate)

bequeath /bɪˈkwiːð/ *v.* 遗赠，遗留

spectacle /ˈspektəkl/ *n.* 奇观，景象(sight, scene)
派 spectacular

perquisite /ˈpɜːkwɪzɪt/ *n.* 利益；特权

articulate /ɑːˈtɪkjuleɪt/ *v.* 清晰地发音 *a.* 发音清晰的；口才好的

stifle /ˈstaɪfl/ *v.* 窒息；扼杀；抑制

daunting /ˈdɔːntɪŋ/ *a.* 使人畏缩的，令人畏惧的

abashed /əˈbæʃt/ *a.* 羞愧的；局促不安的(uneasy)

inept /ɪˈnept/ *a.* 不适宜的(incompetent, inefficient)

maneuver /məˈnuːvə(r)/ *vt.* 调遣 *n.* 策略(move, step, tactic)

symptom /ˈsɪmptəm/ *n.* 症状，征候，征兆(sign, indication)

employ /ɪmˈplɔɪ/ *n.* & *vt.* 雇用；用，使用 派 employee; employer; employment; employable

cashier /kæˈʃɪə(r)/ *n.* 出纳员；收银员 *v.* 解职；丢弃

incumbent /ɪnˈkʌmbənt/ *n.* 现任者 *a.* 负有义务的；现任的

assuage /əˈsweɪdʒ/ *vt.* 缓和(alleviate, mitigate, soothe)

persecute /ˈpɜːsɪkjuːt/ *v.* 迫害；困扰

supreme /suːˈpriːm/ *a.* 极度的；极大的；最高的

versatile /ˈvɜːsətaɪl/ *a.* 多才多艺的(many-sided, talented, all-around)

preach /priːtʃ/ *v.* 布道；鼓吹；宣扬

harass /ˈhærəs/ *v.* 烦恼；折磨；骚扰

figure /ˈfɪgə(r)/ *n.* 数字；人物；体态，体形；轮廓；(插)图，图表；雕像，塑像 *v.* 是重要部分；认为；计算，估计

balk /bɔːk/ *vt.* 妨碍(block, hinder, stall)

master /'mɑːstə(r)/ *n.* 主人；硕士；专家，大师 *v.* 掌握；精通 *a.* 主要的；精通的；主人的(mastery)

impasse /'æmpɑːs/ *n.* 僵局(dilemma)

conclusion /kən'kluːʒn/ *n.* 结论，推论；结束，结尾；【法】缔结，议定 派 conclusive

poise /pɔɪz/ *n.* 平衡；姿势；镇静；稳重 *v.* 使平衡；使摆出姿势

reinvigorate /ˌriːɪn'vɪɡəreɪt/ *vt.* 使重新振作；使恢复活力

confess /kən'fes/ *v.* 忏悔，坦白(confide, disclose)

element /'elɪmənt/ *n.* 要素；元素；成分；元件；自然环境 派 elementary

layout /'leɪaʊt/ *n.* 布局；安排；设计；版面设计；陈列

memorise /'meməraɪz/ *v.* 记住，熟记；存储

unambiguous /ˌʌnæm'bɪɡjuəs/ *a.* 不含糊的，明确的

expel /ɪk'spel/ *v.* 驱逐；除名；排出(气体)

bleak /bliːk/ *a.* 寒冷的，阴沉的；阴郁的，暗淡的；没有希望的，不乐观的；荒凉的；索然无味的

furious /'fjʊəriəs/ *a.* 狂怒的，狂暴的(frenzied, enraged)

assume /ə'sjuːm/ *vt.* 假定，设想；承担(责任)，就(职)

departure /dɪ'pɑːtʃə(r)/ *n.* 离开，出发；背离，违反

generalize /'dʒenrəlaɪz/ *v.* 归纳，概括(summarize, outline) 派 generalization

impropriety /ˌɪmprə'praɪəti/ *n.* 不适当

harmony /'hɑːməni/ *n.* 相符，一致；和谐，融洽；【音】和声

emigration /ˌemɪ'ɡreɪʃn/ *n.* 移民出境，侨居

hook /hʊk/ *n.* 钩，吊钩，钩状物 *v.* (使)钩住，挂住；钓(鱼)

scoop /skuːp/ *vt.* 舀取(pick)；挖掘(dig)

hide /haɪd/ *v.* (躲)藏 *n.* 皮革，兽皮

photocopy /ˈfəʊtəʊkɒpi/ *v.* 影印，复印 *n.* 影印本，复印件

abduct /æbˈdʌkt/ *vt.* 绑架，诱拐(kidnap)

landfill /ˈlændfɪl/ *n.* 垃圾堆；垃圾填筑地，废渣埋填地

illustrious /ɪˈlʌstriəs/ *a.* 辉煌的；著名的(famous, distinguished)

turbulent /ˈtɜːbjələnt/ *a.* 动荡不安的，混乱的

highway /ˈhaɪweɪ/ *n.* 公路

becoming /bɪˈkʌmɪŋ/ *a.* 合适的，相称的(fitting, suitable)

multinational /ˌmʌltiˈnæʃnəl/ *a.* 多国的，多民族的；跨国公司的 *n.* 跨国公司

inflexible /ɪnˈfleksəbl/ *a.* 坚定的(rigid, unbending)

paralyse /ˈpærəlaɪz/ *v.* 瘫痪；麻痹 派 paralysis

Word List 4

Unit 1

音 频

antibiotic /ˌæntibaɪ'ɒtɪk/ *n.* 抗生素，抗菌素 *a.* 抗菌的

tacit /'tæsɪt/ *a.* 心照不宣的，默许的(unspoken, implicit)

placid /'plæsɪd/ *a.* 安静的(tranquil，serene)

dissemble /dɪ'sembl/ *v.* 隐藏；伪装(disguise, dissimulate)

depressed /dɪ'prest/ *a.* 沮丧的(dejected, dispirited, downcast，downhearted)；降低的 派 depression

slaughter /'slɔːtə(r)/ *n. & v.* 屠宰，残杀，屠杀(carnage, genocide)

approach /ə'prəʊtʃ/ *v.* 靠近，接近；来临 *n.* 靠近，接近；方法，途径

ferment /fə'ment/ *n.* 酵素；发酵剂 *v.* 发酵；激动

chorus /'kɔːrəs/ *n.* 合唱，合唱曲；合唱队；副歌，叠句；齐声，齐声说的话(或发出的喊声) *v.* 齐声说

scant /skænt/ *v.* 减缩；限制；忽略 *a.* 缺乏的，不足的，不充分的

lithe /laɪð/ *a.* 柔软的，易弯的(flexible, supple)

fund /fʌnd/ *n.* 基金，专款；储备，蕴藏；[常*pl.*] 存款，资金 *vt.* 为…提供资金，给…拨款

disposal /dɪ'spəʊzl/ *n.* 处理，处置；布置，安排 派 disposable

extraneous /ɪk'streɪniəs/ *a.* 无关的(irrelevant, unrelated)

procedure /prə'siːdʒə(r)/ *n.* 程序，手续；过程

quaint /kweɪnt/ *a.* 奇异的，不凡的(queer, odd)

latter /ˈlætə(r)/ *a.* 后面的；后者的

physiological /ˌfɪziəˈlɒdʒɪkl/ *a.* 生理的，生理学的

fee /fiː/ *n.* 费(如会费、入场费等)；酬金；服务费；［常*pl.*］学费

compensation /ˌkɒmpenˈseɪʃn/ *v.* 偿还；补偿；付报酬

panel /ˈpænl/ *n.* 面板；嵌板；仪表板；调查小组

mobile /ˈməʊbaɪl/ *a.* 可移动的；易变的；机动的 派 mobility

horrible /ˈhɒrəbl/ *a.* 可怕的，恐怖的；极讨厌的 派 horrify; horror

naïve /naɪˈiːv/ *a.* 幼稚的，天真的，不成熟的

forum /ˈfɔːrəm/ *n.* 公开讨论场所；论坛

transient /ˈtrænziənt/ *a.* 短暂的，转瞬即逝的 *n.* 在某地短暂停留或工作的人

existence /ɪɡˈzɪstəns/ *n.* 存在；生存 派 existent; coexistence

crew /kruː/ *n.* 全体人员，(工作)队(staff)

slothful /ˈsləʊθfl/ *a.* 怠惰的，懒惰的；迟钝的

adhesive /ədˈhiːsɪv/ *n.* 黏合剂 *a.* 胶粘的；黏着性的

counter /ˈkaʊntə(r)/ *n.* 计算器，计数器 *v.* 反驳，驳回；还击；抵消

pawn /pɔːn/ *n.* & *v.* 典当，抵押

grid /ɡrɪd/ *n.* 格子，栅格；地图上的坐标方格；输电网，煤气输送网

maze /meɪz/ *n.* 迷宫

bewilder /bɪˈwɪldə(r)/ *vt.* 迷惑，把…弄糊涂(befuddle, confuse)

reliable /rɪˈlaɪəbl/ *a.* 可靠的，可信赖的 派 reliance

flap /flæp/ *v.* 拍打；(翅膀)拍动 *n.* 薄片；封盖；振动；激动

hilarious /hɪˈleəriəs/ *a.* 欢闹的；令人捧腹的；滑稽的

prowess /ˈpraʊəs/ *n.* 杰出的才能，高超的技艺，专长，造诣

farewell /ˌfeəˈwel/ *n.* 再见，告别 *a.* 告别的

intersection /ˌɪntəˈsekʃn/ *n.* 交集；十字路口；交叉点

undaunted /ˌʌnˈdɔːntɪd/ *a.* 无畏的，勇敢的(intrepid, fearless)

traverse /trəˈvɜːs/ *n. & v.* 横渡；穿越；横跨

naked /ˈneɪkɪd/ *a.* 裸体的；无遮盖的；无装饰的

blank /blæŋk/ *n.* 空白 *a.* 空白的；空着的

scarce /skeəs/ *a.* 缺乏的，不足的；稀少的，罕见的
派 scarcity

contention /kənˈtenʃn/ *n.* 争夺；争论，争辩；论点

intervene /ˌɪntəˈviːn/ *vi.* 干涉，干扰；介于其间
派 intervention

eject /iˈdʒekt/ *v.* 弹出；喷出；驱逐，逐出

innovative /ˈɪnəveɪtɪv/ *a.* 革新的，创新的，新颖的；富有革新精神的(novelty; reformative)

additional /əˈdɪʃənl/ *a.* 添加的；附加的；额外的

clement /ˈklemənt/ *a.* 和蔼的；仁慈的；(天气)温和的

consult /kənˈsʌlt/ *v.* 请教；查阅；商议 派 consultant; consultation

initiate /ɪˈnɪʃieɪt/ *vt.* 开始，创造，发起；接纳(新成员)，让…加入 *n.* (新)加入组织者

imprison /ɪmˈprɪzn/ *vt.* 监禁，坐牢(confine)

input /ˈɪnpʊt/ *n.* 投入，输入；输入的数据 *vt.* 把…输入计算机

feat /fiːt/ *n.* 功绩，壮举(achievement, accomplishment)

loath /ləʊθ/ *a.* 不情愿的，勉强的

voracious /vəˈreɪʃəs/ *a.* 狼吞虎咽的；如饥似渴的；贪婪的

ritual /ˈrɪtʃuəl/ *n.* 典礼，(宗教等的)仪式；例行公事，老规矩 *a.* 作为仪式一部分的，仪式的；例行的

confront /kən'frʌnt/ *vt.* 面对，面临；遭遇(encounter)

opportunity /ˌɒpə'tjuːnəti/ *n.* 机会，时机

holocaust /'hɒləkɔːst/ *n.* 大毁灭；大屠杀

marine /mə'riːn/ *a.* 海的；海上的；近海的

interior /ɪn'tɪəriə(r)/ *n.* 内部(inside, inner)

overthrow /ˌəʊvə'θrəʊ/ *vt.* 推翻，颠覆(dethrone, overturn)；挫败

load /ləʊd/ *v.* 装载；装(胶卷、弹药等) *n.* 负荷；装载

decapitate /dɪ'kæpɪteɪt/ *vt.* 斩首

lag /læg/ *n.* & *v.* 落后

degree /dɪ'griː/ *n.* 学位；程度

attach /ə'tætʃ/ *v.* 系，贴；认为有重要性(或意义、价值等)；使附属，附加

pamper /'pæmpə(r)/ *vt.* 纵容，娇惯；精心护理

entangle /ɪn'tæŋgl/ *vt.* 使纠缠(embroil, involve)；使迷惑

gravity /'grævəti/ *n.* 地心引力，重力

anticipate /æn'tɪsɪpeɪt/ *v.* 预期，预料，期望；先于…行动

overstate /ˌəʊvə'steɪt/ *vt.* 把…说得过分，夸大(exaggerate)

acerbic /ə'sɜːbɪk/ *a.* 酸的；苦涩的(bitter)；尖刻的

magnitude /'mægnɪtjuːd/ *n.* 广大，巨大；重要，重要性；星体的亮度

morale /mə'rɑːl/ *n.* 士气；民心

enchanting /ɪn'tʃɑːntɪŋ/ *a.* 迷人的；迷惑的；妩媚的

spoliate /'spəʊlieɪt/ *vt.* 强夺，掠夺(plunder)

vet /vet/ *vt.* 审查，仔细检查 *n.* 兽医

confuse /kən'fjuːz/ *vt.* 使混乱，混淆；使迷惑，使糊涂
派 confusion

cabin /'kæbɪn/ *n.* 小木屋；船舱；机舱

intimidate /ɪn'tɪmɪdeɪt/ *v.* 胁迫，恐吓

doom /duːm/ *vt.* 注定…失败(或遭殃、死亡等)，使…在劫难逃 *n.* 毁灭；厄运，劫数

sparse /spɑːs/ *a.* 稀少的，稀疏的(scanty)

hysterical /hɪ'sterɪkl/ *a.* 歇斯底里的；异常兴奋的

centennial /sen'teniəl/ *n.* 百年纪念 *a.* 一百年的

foreshadow /fɔː'ʃædəʊ/ *v.* 预示

outward /'aʊtwəd/ *a.* 外面的；外表的，表面的

majesty /'mædʒəsti/ *n.* 最高权威；王权；雄伟

plead /pliːd/ *v.* 辩护；恳求；提出…为借口

befuddle /bɪ'fʌdl/ *vt.* 使混乱(confuse)

formality /fɔː'mæləti/ *n.* 认真遵循规范、礼节等；例行公事；正式手续

moist /mɔɪst/ *a.* 湿润的，多雨的(damp, humid)
派 moisten; moisture

deteriorate /dɪ'tɪəriəreɪt/ *v.* 恶化；退化；质量(或价值)下降

translucent /træns'luːsnt/ *a.* 半透明的，透明的

embody /ɪm'bɒdi/ *vt.* (作品等)表达，体现；具体表现，使具体化；包括，包含(contain, incarnate)

bilateral /ˌbaɪ'lætərəl/ *a.* 有两面的；双边的；对称的

Unit 2

anxiety /æŋ'zaɪəti/ *n.* 忧虑，焦急；渴望，热望 派 anxious

agreement /ə'griːmənt/ *n.* 同意；协定，协议

municipal /mjuː'nɪsɪpl/ *a.* 市政的，市立的；地方性的，地方自治的

courtship /'kɔːtʃɪp/ *n.* 求爱或追求；求爱期，追求期

nonsense /'nɒnsns/ *n.* 废话，胡说；毫无意义

invalid /ɪn'vælɪd/ *a.* (指法律上)无效的，作废的；无可靠根据的，站不住脚的；有病的，伤残的 *n.* (需要有人照顾的)病弱者，残疾者 派 invalidate

mollify /'mɒlɪfaɪ/ *vt.* 缓和(appease, assuage)

vanquish /'væŋkwɪʃ/ *vt.* 征服，克服(conquer, overcome)

renaissance /rɪ'neɪsns/ *n.* 复兴；文艺复兴

sacred /'seɪkrɪd/ *a.* 神的；宗教的；庄严的

mate /meɪt/ *v.* 交配，配种 *n.* 配偶；伙伴；(商船上的)大副

score /skɔː(r)/ *v.* 得分，记分；给(试卷等)打分，给…评分；刻痕于，画线于；获胜，成功

consensus /kən'sensəs/ *n.* 一致同意；多数人的意见，共识

biased /'baɪəst/ *a.* 有偏见的；片面的

apartment /ə'pɑːtmənt/ *n.* 单元住宅，公寓住宅(suite, flat)

notify /'nəʊtɪfaɪ/ *vt.* 通知，报告

precise /prɪ'saɪs/ *a.* 周密的，精确的(accurate, exact) 派 precision

permit /pə'mɪt/ *vt.* 允许(allow, consent)

blonde /blɒnd/ *n.* 金发碧眼的女人 *a.* 金色的；亚麻色的

inaugurate /ɪ'nɔːgjəreɪt/ *vt.* 开始，开创；为…举行就职典礼；为…举行开幕式；为…举行落成仪式 (commence, initiate)

spot /spɒt/ *vt.* 认出，发现；看见，注意到 *n.* 地点，处所；斑点，污点；少量

recuperate /rɪ'kuːpəreɪt/ *v.* 恢复，复原(recover)

herbicide /'hɜːbɪsaɪd/ *n.* 除草剂

overrate /ˌəʊvə'reɪt/ *vt.* 对…评价过高，高估

inflict /ɪn'flɪkt/ *vt.* 使遭受(损伤、苦痛等)(incur, impose)

deport /dɪ'pɔːt/ *vt.* 驱逐出境，放逐

extra /'ekstrə/ *a.* 额外的；特别的 *ad.* 额外地，另外；特别地
data /'deɪtə/ *n.* 数据；资料
tap /tæp/ *v.* 轻按(电脑键)；轻敲，轻拍
sediment /'sedɪmənt/ *n.* 沉淀物；沉积物(如沙、砾、石、泥等)
relocate /ˌriːləʊ'keɪt/ *v.* 重新安置，(使)搬迁，迁移
hoist /hɔɪst/ *v.* 升起(raise)
eloquent /'eləkwənt/ *a.* 雄辩的，有口才的(persuasive, fluent)
maternal /mə'tɜːnl/ *a.* 母亲的；母系的 派 maternity
heave /hiːv/ *n.* 举；拉；扔 *v.* 用力举起；说出；扔
distress /dɪ'stres/ *n.* 悲伤；贫苦；危难 *v.* 使痛苦，使困扰；使困苦
arouse /ə'raʊz/ *vt.* 唤起(awake, evoke)；鼓励；引起
diminish /dɪ'mɪnɪʃ/ *v.* 减少；变小
curriculum /kə'rɪkjələm/ *n.* 课程，(学校等的)全部课程
protest /'prəʊtest/ *n. & v.* 主张；断言；抗议
arable /'ærəbl/ *a.* 可耕的，适于耕种的
pose /pəʊz/ *n.* 姿势；姿态 *v.* 造成，引起
coercive /kəʊ'ɜːsɪv/ *a.* 强制的，强迫的(forceful)
maritime /'mærɪtaɪm/ *a.* 海上的，海运的；海员的
gesture /'dʒestʃə(r)/ *n.* 姿势，姿态；手势 *v.* 做手势
character /'kærəktə(r)/ *n.* 性格，品质；性质，特性；人物，角色；(书写或印刷)符号，(汉)字 派 characteristic
occur /ə'kɜː(r)/ *vi.* 发生；存在 派 occurrence
inexcusable /ˌɪnɪk'skjuːzəbl/ *a.* 不可宽恕的，不可原谅的
crime /kraɪm/ *n.* 罪行；犯罪 派 criminal
contemplate /'kɒntəmpleɪt/ *v.* 思量，沉思；注视，凝视；打算，预期
whisper /'wɪspə(r)/ *n. & v.* 低语，私语；传闻

occupy /'ɒkjupaɪ/ *vt.* 占用，占领；(使)忙碌于；(使)从事 派 occupation

rivalry /'raɪvlri/ *n.* 竞争，竞赛；敌对，敌对状态(enmity, opposition)

ministry /'mɪnɪstri/ *n.* (政府的)部

Antarctic /æn'tɑːktɪk/ *a.* 南极的，南极地带的 派 Antarctica

penchant /'pɒ̃ʃɒ̃/ *n.* 倾向(inclination)；爱好(preference)

disengage /ˌdɪsɪn'geɪdʒ/ *vi.* 解开；使解脱；分离

embrace /ɪm'breɪs/ *n.* 拥抱；包括；欣然接受

geometric /ˌdʒiːə'metrɪk/ *a.* 几何的，几何学的

guilt /gɪlt/ *n.* 罪行；内疚 派 guilty

synchronise /'sɪŋkrənaɪz/ *v.* (使)同步发生，同速进行

devil /'devl/ *n.* 魔鬼；恶棍

abhorrent /əb'hɒrənt/ *a.* 可恶的，可恨的(detestable)

exact /ɪg'zækt/ *a.* 精确的(accurate, precise)；严格的 派 exacting; exactly

legality /liː'gæləti/ *n.* 合法；法律上的义务

isolate /'aɪsəleɪt/ *vt.* 使隔离，使孤立

crack /kræk/ *n.* 裂缝，缝隙；爆裂声 *v.* (使)破裂；(使)发出爆裂声；重击；崩溃，瓦解

ascend /ə'send/ *vt.* 攀登，登高(climb)，上升

zealous /'zeləs/ *a.* 热心的(enthusiastic, fervent)

transparent /træns'pærənt/ *a.* 透明的，清澈的；明显的；易懂的

incredible /ɪn'kredəbl/ *a.* 不可信的；难以置信的

inescapable /ˌɪnɪ'skeɪpəbl/ *a.* 不可逃避的；难免的

engage /ɪn'geɪdʒ/ *v.* 吸引(某人的注意力等)；占用(某人的时间)；使从事于，使忙于；雇用，聘用；与(某人)交战；(指机器零件等)啮合，衔接

brainy /'breɪni/ *a.* 有头脑的，聪明的，多智的(intelligent)

fraud /frɔːd/ *n.* 欺骗(fault, deception)

libel /ˈlaɪbl/ *n.* (文字)诽谤，中伤；诽谤性文字 *vt.* 诽谤，中伤，诬蔑

event /ɪˈvent/ *n.* 事件；比赛项目

impoverish /ɪmˈpɒvərɪʃ/ *vt.* 使贫困；使枯竭，使贫瘠

trample /ˈtræmpl/ *n.* & *v.* 践踏；蔑视

demoralize /dɪˈmɒrəlaɪz/ *vt.* 使沮丧，使意志消沉

fake /feɪk/ *v.* 伪造，赝造；捏造 *a.* 假的

humdrum /ˈhʌmdrʌm/ *a.* 单调的；乏味的

precious /ˈpreʃəs/ *a.* 宝贵的，珍贵的

conscience /ˈkɒnʃəns/ *n.* 良心，良知

collapse /kəˈlæps/ *n.* & *v.* 倒塌，崩溃(crash)；晕倒

seep /siːp/ *vi.* 漏出，渗漏

restore /rɪˈstɔː(r)/ *vt.* 恢复，使复位；修复，整修，重建；归还，交还

decadence /ˈdekədəns/ *n.* 衰落，颓废

emerge /iˈmɜːdʒ/ *vi.* 出现(appear, come into prominence)；显露，(事实等)暴露

concern /kənˈsɜːn/ *n.* 所关切的事；关心 *v.* 影响；涉及；有关；关心

humble /ˈhʌmbl/ *a.* 谦逊的，谦虚的；地位(或身份)低下的，卑贱的；简陋的，低劣的 *vt* 使谦恭；使卑下；贬低

brittle /ˈbrɪtl/ *a.* 易碎的(fragile)，易损坏的；靠不住的；冷淡的，不友好的；(声音)尖利的

slide /slaɪd/ *v.* 滑动，下滑；(使)悄悄地移动 *n.* 滑动，下滑；滑坡，滑道，滑面；幻灯片；(土、泥等的)突然崩落

inhibit /ɪnˈhɪbɪt/ *v.* 抑制，约束；起抑制作用(hinder, obstruct, impede)

jail /dʒeɪl/ *n.* 监狱 *v.* 监禁

achievement /ə'tʃiːvmənt/ *n.* 成就，成绩；达到，完成，实现

baffle /'bæfl/ *vt.* 使困惑，难倒 *n.* 挡板，隔板

quandary /'kwɒndəri/ *n.* 困惑(perplexity)，窘境，进退两难(predicament)

challenge /'tʃælɪndʒ/ *n.* 挑战；质疑；艰巨任务，难题 *vt.* 挑战；质疑 派 challenging

Unit 3

uplift /'ʌplɪft/ *vt. & n.* 提起，抬起，举起；提高，促进；振作，振奋(精神)

tepid /'tepɪd/ *a.* 微温的(lukewarm, warm)

leap /liːp/ *n.* 租约 *vt.* 出租，租用

replicate /'replɪkeɪt/ *vt.* 重复，复现或复制；再制造；再生

moderate /'mɒdərət/ *a.* 温和的；适度的(average, reasonable) 派 moderation

imitate /'ɪmɪteɪt/ *v.* 模仿，仿效；仿制 派 imitation

puberty /'pjuːbəti/ *n.* 青春期

federal /'fedərəl/ *a.* 联邦的，联合的，联邦制的，同盟的

corrupt /kə'rʌpt/ *v.* 腐化，腐蚀；使堕落；破坏，损坏；(计算机文件等)出错 *a.* 堕落的，腐化的；腐败的，贪污的

gratify /'grætɪfaɪ/ *vt.* 使满意(satisfy)

represent /ˌreprɪ'zent/ *vt.* 代表；表示；表现
派 representative; representation

resonance /'rezənəns/ *n.* 共鸣；共振；反响

overturn /ˌəʊvə'tɜːn/ *v.* 推翻，颠倒

pantomime /'pæntəmaɪm/ *n.* 手势；哑剧

defect /'diːfekt/ *n.* 缺陷(fault, shortcomings, imperfection)，瑕疵；欠缺 派 defective; defection

gloom /gluːm/ *n.* 忧愁(sadness, depression) 派 glommy

excite /ɪk'saɪt/ *v.* 使兴奋；刺激；激发 派 excitement

drift /drɪft/ *n.* 漂流，漂移；趋势；大意；要旨 *v.* 漂流，漂移

engrave /ɪn'greɪv/ *v.* 雕刻；使铭记；铭刻

disturbance /dɪ'stɜːbəns/ *n.* 扰乱，打扰；骚乱，混乱；心神不安，烦恼

base /beɪs/ *n.* 基地；基础 *v.* 以…为基础、基地

competent /'kɒmpɪtənt/ *n.* 能力，才能

energetic /ˌenə'dʒetɪk/ *a.* 有力的，精力旺盛的；积极的

global /'gləʊbl/ *a.* 全球的，全世界的；整体的，全面的

homicide /'hɒmɪsaɪd/ *n.* 杀人(slaughter)

perpetual /pə'petʃuəl/ *a.* 连续不断的；长期的；永久的

probation /prə'beɪʃn/ *n.* 缓刑(制)；(对人的)试用；试用期

stigma /'stɪgmə/ *n.* 污名；耻辱 派 stigmatize

force /fɔːs/ *n.* 武力，暴力；力量 *v.* 迫使，强迫 派 forceful

disprove /ˌdɪs'pruːv/ *vt.* 反驳，证明…有误

elude /i'luːd/ *v.* 躲避，逃避；不理解

carriage /'kærɪdʒ/ *n.* 举止；身体的姿态，仪态(posture)

bully /'bʊli/ *n.* 恃强凌弱者 *vt.* 恐吓；胁迫，欺负

illuminate /ɪ'luːmɪneɪt/ *v.* 照明，照亮；说明，阐明

efface /ɪ'feɪs/ *vt.* 消除(erase)

theoretical /ˌθɪə'retɪkl/ *a.* 理论的(academic)

committee /kə'mɪti/ *n.* 委员会；(全体)委员

deserve /dɪ'zɜːv/ *v.* 应得；值得

credential /krə'denʃl/ *n.* 凭证(reference, certificate)，证明书；(学历、资历)资格证书；证件

cunning /'kʌnɪŋ/ *a.* 狡猾的(sly, tricky)；精明的

apparatus /ˌæpə'reɪtəs/ *n.* 器械，器具，仪器；机构，组织

alert /ə'lɜːt/ *n.* 警戒；警报 *vt.* 警告

position /pə'zɪʃn/ *n.* 位置，方位；职位，职务；姿势，姿态；见解，立场 *vt.* 安放，安置

invade /ɪn'veɪd/ *vt.* 侵入，侵略，侵犯(intrude, agress)

chart /tʃɑːt/ *n.* 图，图表；海图 *vt.* 记录；用图表表示；制图

rough /rʌf/ *a.* 粗糙的；粗略的，大致的

invest /ɪn'vest/ *v.* 投资；投入(时间、精力等)；授予，赋予

extent /ɪk'stent/ *n.* 范围；面积；广度，长度；程度

incident /'ɪnsɪdənt/ *n.* 事件；事变 *a.* 附带的；易于发生的 派 incidental

manoeuvre /mə'nuːvə(r)/ *n.* 移动；策略，手段 *v.* 移动，转动；操纵，控制

lenitive /'lenətɪv/ *a.* 润泽的；缓和的 *n.* 润泽药，缓和剂

foretell /fɔː'tel/ *vt.* 预言(predict)

stain /steɪn/ *n.* 污点，瑕疵 *vt.* 染污，玷污 派 stainless

belong /bɪ'lɒŋ/ *v.* 归入；合适；放置

excerpt /'eksɜːpt/ *n.* 摘录(selection, extract)

occasion /ə'keɪʒn/ *n.* 时刻，时候；场合；重大(或特殊)活动，盛会；时机，机会；起因，理由 *vt.* 引起，惹起

destroy /dɪ'strɔɪ/ *v.* 破坏，毁坏；消灭

unique /ju'niːk/ *a.* 唯一的，独一无二的；极不寻常的，极好的

avoid /ə'vɔɪd/ *vt.* 避免，回避，躲开(shun, escape)

renounce /rɪ'naʊns/ *vt.* 正式放弃(abandon, relinquish, disclaim)

split /splɪt/ *v.* (使)分裂，分离；(被)撕裂，裂开；劈开；分担，分享 *n.* 裂口；分化，分裂

previous /'priːviəs/ *a.* 以前的；在…之前的；早先的，稍前的

enslave /ɪn'sleɪv/ *vt.* 奴役，征服，使受控制 派 enslavement

follow /'fɒləʊ/ *v.* 跟随；沿着；听懂；听从

blind /blaɪnd/ *a.* 盲的；盲目的；视而不见的

concept /'kɒnsept/ *n.* 概念，观念；设想 派 conception

mixture /'mɪkstʃə(r)/ *n.* 混合；混合物，混合剂

inspect /ɪn'spekt/ *vt.* 检查，检阅 派 inspection

bounce /baʊns/ *v.* 弹起，反弹；(使)上下晃动 *n.* 弹跳；反弹力；活力，精力

amphibious /æm'fɪbiəs/ *a.* 两栖的；水陆两用的

endeavour /ɪn'devə(r)/ *vi.* 努力(strive, struggle, try)

advent /'ædvent/ *n.* (尤指不寻常的人或事)出现；到来

uphill /ˌʌp'hɪl/ *ad.* 向上，往上；上坡；艰难地

sullen /'sʌlən/ *a.* 阴沉的(moody, bad-tempered)

resurrection /ˌrezə'rekʃn/ *n.* 复苏；复活；复兴

indict /ɪn'daɪt/ *v.* 起诉，控告，指控

compose /kəm'pəʊz/ *v.* 组成，构成；写，创作(乐曲等)；使安定 派 composer

interlude /'ɪntəluːd/ *n.* 间隔(interval)；插曲(episode)

exuberant /ɪg'zjuːbərənt/ *a.* 繁茂的；丰富的；热情洋溢的

prologue /'prəʊlɒg/ *n.* 开场白；序言；序幕 *v.* 作序

horror /'hɒrə(r)/ *n.* 害怕，恐怖

figment /'fɪgmənt/ *n.* 虚构之事

giant /'dʒaɪənt/ *n.* 巨人；巨擘 *a.* 巨大的

habit /'hæbɪt/ *n.* 习惯；举止，行为 派 habitable

acknowledge /ək'nɒlɪdʒ/ *vt.* 承认(admit, accept)；确认；致意；感谢

greasy /'griːsi/ *a.* 多脂的；油滑的

pungent /'pʌndʒənt/ *a.* 辛辣的(acid)；尖刻的；严厉的(stinging)

regenerate /rɪ'dʒenəreɪt/ *v.* 新生，再生；复兴 *a.* 新生的 派 regeneration

introvert /ˈɪntrəvɜːt/ *n.* 性格内向的人
beget /bɪˈget/ *vt.* 引起，产生(arise, bring)
severe /sɪˈvɪə(r)/ *a.* 严重的(grave, grievous)；严肃的
injure /ˈɪndʒə(r)/ *v.* 损害，伤害
glitter /ˈglɪtə(r)/ *n. & vi.* 闪光
eminent /ˈemɪnənt/ *a.* 显赫的；杰出的；有名的
guarantee /ˌgærənˈtiː/ *v.* 保证；允诺 *n.* 保证；担保物
complementary /ˌkɒmplɪˈmentri/ *a.* 补充的，补足的
nominate /ˈnɒmɪneɪt/ *vt.* 任命(appoint, name)，提名，推荐 派 nomination; nominee; nominal
abysmal /əˈbɪzməl/ *a.* 深不可测的；恶劣的；极坏的
bleach /bliːtʃ/ *vt.* 去色；漂白(blanch, whiten) *n.* 漂白剂

Unit 4

classic /ˈklæsɪk/ *n.* 杰作；名著 *a.* 第一流的；经典的 派 classical
engender /ɪnˈdʒendə(r)/ *vt.* 产生(generate, produce)
aviation /ˌeɪviˈeɪʃn/ *n.* 航空；飞行术；航空学；飞机制造业
degenerate /dɪˈdʒenəreɪt/ *vi.* 退化 *a.* 退化的 派 degeneration
effluent /ˈefluənt/ *n.* 流出物；排水道，排水渠；污水
monster /ˈmɒnstə(r)/ *n.* 怪物；巨人，庞然大物
awareness /əˈweənəs/ *n.* 知道；意识
intern /ɪnˈtɜːn/ *vt.* 拘禁，软禁 *n.* 实习生
fame /feɪm/ *n.* 名声，名望
indefinite /ɪnˈdefɪnət/ *a.* 模糊的；不确定的
inversion /ɪnˈvɜːʃn/ *n.* 倒置，颠倒
overgraze /ˌəʊvəˈgreɪz/ *v.* 过度放牧
misbehave /ˌmɪsbɪˈheɪv/ *v.* 做坏事，不规矩；作弊；行为失常 派 misbehavior

proof /pruːf/ *n.* 证据；证明；检验 *v.* 检验 *a.* 防…的，耐…的

admit /əd'mɪt/ *v.* 承认(acknowledge, accept)；准许…进入；准许…加入 派 admission

fetter /'fetə(r)/ *vt.* 束缚，羁绊(restrict, inhibit)

vital /'vaɪtl/ *a.* 极重要的(important, crucial, essential)

odd /ɒd/ *a.* 奇数的；奇怪的；零散的；剩余的

multiple /'mʌltɪpl/ *a.* 多重的；多样的 *n.* 倍数

lobby /'lɒbi/ *v.* 游说 *n.* 大厅；游说团

incline /ɪn'klaɪn/ *n.* 倾斜；斜坡 *v.* 倾向；倾斜 派 inclination

motion /'məʊʃn/ *n.* 运动；动作 *v.* 运动

organisation /ˌɔːɡənaɪ'zeɪʃn/ *n.* 机构，组织

intrinsic /ɪn'trɪnsɪk/ *a.* 固有的；内在的；本质的；自身的(inherent, essential, innate)

particular /pə'tɪkjələ(r)/ *a.* 特殊的，特别的；特定的，个别的；详细的 *n.* 详情，细目，细节 派 particularly; particulate

adolescent /ˌædə'lesnt/ *n.* 青少年 *a.* 青春期的；青少年的

crude /kruːd/ *a.* 未提炼的(unpolished, unprocessed)；生的(raw)

monitor /'mɒnɪtə(r)/ *n.* 班长；监听器；监视器 *v.* 监控，监测

prediction /prɪ'dɪkʃn/ *n.* 预言；预报

calumny /'kæləmni/ *n.* 诽谤，中伤

psychology /saɪ'kɒlədʒi/ *n.* 心理学，心理状态 派 psychological

descend /dɪ'send/ *v.* 下来，下降；遗传 派 descendant

jewellery /'dʒuːəlri/ *n.* 珠宝，首饰

oath /əʊθ/ *n.* 誓言；宣誓；诅咒

consist /kən'sɪst/ *vi.* 由…组成(compose, contain)

派 consistently; consistency

compelling /kəm'pelɪŋ/ *vt.* 强迫("compel"的现在分词)(coerce, force)

erosion /ɪ'rəʊʒn/ *n.* 腐蚀；磨损(corrosion, deterioration)

enfranchise /ɪn'fræntʃaɪz/ *vt.* 给予…政治权利(尤指选举权)；解放(奴隶)

demonstrate /'demənstreɪt/ *v.* 论证，证实；演示，说明；举行示威游行(或集会)(display, show, illustrate)

派 demonstration; demonstrative

collaboration /kəˌlæbə'reɪʃn/ *n.* 合作，协作；勾结，通敌

wholesale /'həʊlseɪl/ *n. & v.* 批发 *a. & ad.* 批发的(地)；大规模的(地)

gleam /gliːm/ *vt.* 使闪光 *vi.* 闪烁(glimmer, flash)

consignment /kən'saɪnmənt/ *n.* 交付，委托；投递，发送；所托运的货物

deform /dɪ'fɔːm/ *vt.* 使变形(disfigure，distort)

portfolio /pɔːt'fəʊliəʊ/ *n.*部长职务；纸夹；公事包；投资组合

primary /'praɪməri/ *n.* 第一位；初选 *a.* 首要的，主要的；最初的，根本的

overtime /'əʊvətaɪm/ *ad.* 加班地

strife /straɪf/ *n.* 冲突，竞争(squabble, conflict)

consolation /ˌkɒnsə'leɪʃn/ *n.* 安慰；慰问

bashful /'bæʃfl/ *a.* 害羞的，胆小的(coy, shy, timid)

blow /bləʊ/ *n. & v.* 吹，吹掉；爆炸

smudge /smʌdʒ/ *n.* 污迹 *vt.* 弄脏(smear)；用浓烟熏

external /ɪk'stɜːnl/ *a.* 外部的；外面的 派 externally

provoke /prə'vəʊk/ *vt.* 激怒；煽动(incite, stir up, cause, elicit) 派 provocative

jealous /'dʒeləs/ *a.* 妒忌的(envious)；猜疑的 派 jealousy

exempt /ɪg'zempt/ *vt.* 免除(prevent, immune) *a.* 被免除的(excused)
altitude /'æltɪtjuːd/ *n.* 海拔，高度；［常*pl.*］高地，高处
burglar /'bɜːglə(r)/ *n.* 窃贼，夜盗(robber)
turmoil /'tɜːmɔɪl/ *n.* 骚动，混乱(disorder, chaos)
subscribe /səb'skraɪb/ *v.* 订阅，订购；申请，预订
派 subscription
imprudent /ɪm'pruːdnt/ *a.* 轻率的；鲁莽的
freak /friːk/ *n.* 畸形 *a.* 奇异的；反常的
confound /kən'faʊnd/ *v.* 使糊涂，迷惑(confuse, puzzle)
doubt /daʊt/ *vt. & n.* 怀疑(suspect)
metabolism /mə'tæbəlɪzəm/ *n.* 新陈代谢；变形
repression /rɪ'preʃn/ *n.* 压制，压抑；镇压
overhaul /'əʊvəhɔːl/ *v.* 翻修；革新
hurl /hɜːl/ *vt.* 猛投，猛摔；大声叫骂
herald /'herəld/ *n.* 使者，传令官 *v.* 传达；预报
mean /miːn/ *n.* 中位数 *v.* 意味；打算 *a.* 低劣的；平均的
convenient /kən'viːniənt/ *a.* 方便的，便利的；适宜的
派 convenience
arrange /ə'reɪndʒ/ *vt.* 排列(put together, plan)；安排
endanger /ɪn'deɪndʒə(r)/ *vt.* 危及，危害(imperil)
rigor /'rɪgə(r)/ *n.* 严格，严厉(rigidity, hardship)
派 rigorous
literal /'lɪtərəl/ *a.* 文字的；照字面上的；不夸张的
steadfast /'stedfɑːst/ *a.* 坚定的；坚信的
intercede /ˌɪntə'siːd/ *vi.* 调停(intervene, mediate)；求情
delusion /dɪ'luːʒn/ *n.* 欺骗；被骗；迷惑
mission /'mɪʃn/ *n.* 使命，任务；代表团，使团；传教，布道
giddy /'gɪdi/ *v.* 眼花 *a.* 眼花的；头晕的
segregate /'segrɪgeɪt/ *vt.* 隔离，(使)分开

formal /'fɔːml/ *a.* 正式的，正规的

flock /flɒk/ *n.* 羊群，(禽、畜等的)群

boundless /'baʊndləs/ *a.* 无限的；广阔的，无边无际的

rouse /raʊz/ *v.* 唤醒；唤起，激起

gridlock /'grɪdlɒk/ *n.* 交通全面大堵塞；停滞；僵局

strip /strɪp/ *v.* 剥夺；夺去，使空无一物；拆卸，拆开 *n.* 带状物；条纹；狭长地带，带状水域

prejudice /'predʒudɪs/ *n.* 偏见，成见；损害，侵害 *vt.* 使抱偏见，使存成见；伤害，损害

liaison /li'eɪzn/ *n.* 联络(contact, connection)

chew /tʃuː/ *v.* 咀嚼；回味；熟思

incompetent /ɪn'kɒmpɪtənt/ *a.* 不称职的

heredity /hə'redəti/ *n.* 遗传(legacy, bequest, inheritance)

gracious /'greɪʃəs/ *a.* 亲切的；高尚的

lunatic /'luːnətɪk/ *n.* 疯子 *a.* 极蠢的

block /blɒk/ *n.* 一排房屋，街区；阻塞；大块木料(或石料、金属) *vt.* 阻碍(hinder, obstruct)，拦阻；封锁

managerial /ˌmænə'dʒɪəriəl/ *a.* 经理的；管理的，经营的

census /'sensəs/ *n.* 人口普查

multistage /'mʌltɪˌsteɪdʒ/ *a.* 多级的

impartial /ɪm'pɑːʃl/ *a.* 公正的，无偏见的(fair, unbiased)

buffalo /'bʌfələʊ/ *n.* 水牛；(北美)野牛

Unit 5

conceive /kən'siːv/ *v.* 想象(devise, visualize)，构想，设想；怀孕 派 conceited

extricate /'ekstrɪkeɪt/ *vt.* 救出，使解脱(release, liberate)

bubble /'bʌbl/ *vi.* 冒泡，起泡；发出冒泡的声音 *n.* 泡，泡沫；气泡；幻想的计划

decompose /ˌdiːkəm'pəʊz/ *v.* (使)分解，(使)腐烂
派 decomposition
link /lɪŋk/ *n.* 环节；联系，纽带 *v.* 连接，联系
latest /'leɪtɪst/ *n.* 最新的事物 *a.* 最近的，最新的；最迟的
psyche /'saɪki/ *n.* 心智；灵魂；精神；心理
impotent /'ɪmpətənt/ *a.* 无力的；虚弱的
preclude /prɪ'kluːd/ *vt.* 排除；防止(prevent, prohibit)
curious /'kjʊəriəs/ *a.* 好奇的(acquisitive)；奇怪的
派 curiosity
interrupt /ˌɪntə'rʌpt/ *v.* 中断，中止；阻碍；打断，打扰
bilingual /ˌbaɪ'lɪŋgwəl/ *a.* 能说两种语言的，双语的
formation /fɔː'meɪʃn/ *n.* 形成，构成
cope /kəʊp/ *vi.* (成功地)应付；(妥善地)处理
exemplify /ɪg'zemplɪfaɪ/ *vt.* 作为…的典型；例证，举例说明(demonstrate, illustrate)
annulment /ə'nʌlmənt/ *n.* 废除，取消，(法院对婚姻等)判决无效(abolish)
bury /'beri/ *vt.* 埋葬；埋藏，掩藏
polar /'pəʊlə(r)/ *a.* (北/南)极的；极端相反的
infamatory /ɪn'fæmətri/ *a.* 诽谤的，中伤的
impassive /ɪm'pæsɪv/ *a.* 无感情的(apathetic, indifferent)
tangible /'tændʒəbl/ *a.* 可触到的；有形的；具体的；实实在在的
audacious /ɔː'deɪʃəs/ *a.* 大胆的；蛮横无理的(arrogant, insolent)
repose /rɪ'pəʊz/ *n.* 休息，睡眠 *v.* 躺着，靠着休息
brunt /brʌnt/ *n.* 冲击；冲力
homeless /'həʊmləs/ *a.* 无家可归的
impress /ɪm'pres/ *vt.* 给…留下深刻印象，使铭记；印，压印 *n.* 印记 派 impressive; impression

actual /'æktʃuəl/ *a.* 实际的；现行的(practical, real)

immune /ɪ'mjuːn/ *a.* 免疫的，有免疫力的；有抵抗力的；不受影响的；免除的，免除惩罚的，豁免的 派 immunity

fate /feɪt/ *n.* 命运，天数 派 fateful

subsidy /'sʌbsədi/ *n.* 补贴，津贴；奖学金

punctual /'pʌŋktʃuəl/ *a.* 准时的，准点的

equity /'ekwəti/ *n.* 公平，公正 派 equitable

echo /'ekəʊ/ *n. & v.* 回声，回响；共鸣

gear /gɪə(r)/ *n.* 齿轮，传动装置，(排)挡；(从事某项活动所需的)用具、设备、衣服等 *vt.* 调节，调整，使适应

knee /niː/ *n.* 膝盖，膝关节 *v.* (用膝盖)碰

disempower /dɪsɪm'paʊə(r)/ *vt.* 使失去权力或影响

presentation /ˌprezn'teɪʃn/ *n.* 赠送；赠品，礼物；授予，提供；显示；引荐，介绍；报告；表演，上演

educate /'edʒukeɪt/ *v.* 教育；训练；培养

insignificant /ˌɪnsɪg'nɪfɪkənt/ *a.* 无关紧要的，可忽略的，无意义的(negligible)

radiate /'reɪdieɪt/ *v.* 放射，辐射；散布，传播 派 radiant

abject /'æbdʒekt/ *a.* 卑鄙的；可怜的

distortion /dɪ'stɔːʃn/ *n.* 扭曲，变形；曲解；失真

extrusion /ɪk'struːʒn/ *n.* 挤出，推出，挤压

dubious /'djuːbiəs/ *a.* 可疑的；不确定的

licence /'laɪsns/ *n.* 许可；特许；执照 *v.* 许可，同意

discount /'dɪskaʊnt/ *n.* (价格、债款等)折扣

bibliography /ˌbɪbli'ɒgrəfi/ *n.* 参考书目；书目；文献学

mint /mɪnt/ *n.* 薄荷；铸币厂；大量；巨额的钱 *vt.* 铸造 *a.* 铸币厂的；崭新的

fauna /'fɔːnə/ *n.* 动物群，动物区系

manure /mə'njʊə(r)/ *vt.* 施肥(fertilize, dung)

contingent /kən'tɪndʒənt/ *a.* 可能发生的(accidental, unforeseen) 派 contingency

lenient /'liːniənt/ *a.* (执法时)宽大的，宽容的；厚道的，仁慈的

comparison /kəm'pærɪsn/ *vt.* 比较(着重于相似处)；对比 派 comparatively; compartment

invariably /ɪn'veəriəbli/ *ad.* 不变地，总是，一定地

album /'ælbəm/ *n.* 集邮册；相册；(唱片)专辑

chain /tʃeɪn/ *n.* 链，链条；一连串，一系列；［常*pl.*］枷锁，镣铐；联号，连锁店 *vt.* 用链条拴住

heuristic /hju'rɪstɪk/ *a.* 启发式的

tranquil /'træŋkwɪl/ *a.* 安静的(serene, quiet, peaceful)

impetus /'ɪmpɪtəs/ *n.* 推动，促进，刺激；推动力

redundant /rɪ'dʌndənt/ *a.* (因人员过剩而)被解雇的；多余的，过剩的；累赘的，冗长的(superfluous, excessive)

torture /'tɔːtʃə(r)/ *n.* 酷刑，折磨；拷问 *vt.* 对…施以酷刑；拷问

reflect /rɪ'flekt/ *v.* 反映；反射；反省

footstep /'fʊtstep/ *n.* 脚步，脚步声；足迹

mudslide /'mʌdslaɪd/ *n.* 塌方；山崩；泥流

communicate /kə'mjuːnɪkeɪt/ *v.* 传达；感染；显露

civilization /ˌsɪvəlaɪ'zeɪʃn/ *n.* 文明(社会)，文化

advance /əd'vaːns/ *a.* 预先的；先行的 *v.* 前进(proceed)，向前移动；取得进展，预付 *n.* 前进，前移；增长，提高；预付(款等)

benefit /'benɪfɪt/ *v.* 使受益；有益于，得益于 *n.* 益处，好处；恩惠；救济金，保险金，津贴 派 beneficiary; beneficial

laterality /lætə'rælɪtɪ/ *n.* 对一侧面的偏重，偏向一侧状态

erode /ɪ'rəʊd/ *v.* 侵蚀，腐蚀；削弱，损害 派 erosion

renowned /rɪ'naʊnd/ *a.* 知名的(acclaimed, distinguished, famous)，有声誉的

wreck /rek/ *n.* 失事；失事的残骸 *v.* 失事

alienate /'eɪliəneɪt/ *vt.* 使疏远，使不友好；转让，让渡(财产等)

refrain /rɪ'freɪn/ *v.* 抑制，克制 *n.* 反复句，(诗歌的)叠句；副歌；经常重复的评价

downsize /'daʊnsaɪz/ *v.* 缩小，紧缩

spectator /spek'teɪtə(r)/ *n.* 观众，参观者

incendiary /ɪn'sendiəri/ *a.* 放火的，能引起燃烧的；煽动性的

lavatory /'lævətri/ *n.* 盥洗室，厕所

calm /kɑːm/ *a.* 镇静的；平静的 *v.* (使)平静；(使)镇静

shelter /'ʃeltə(r)/ *n.* 避难所，庇护所(asylum, sanctuary)；庇护物，遮蔽物；庇护，掩护

provident /'prɒvɪdənt/ *a.* 有远见的(forward-looking)

incite /ɪn'saɪt/ *vt.* 引起，煽动(arouse, provoke, stir)

custom /'kʌstəm/ *n.* 习俗；惯例；海关 *a.* 定制的

派 customary

averse /ə'vɜːs/ *a.* 厌恶的；反对的；不乐意的

apt /æpt/ *a.* 有…倾向的 (prone, likely)；适宜的；敏捷的

pompous /'pɒmpəs/ *a.* 华而不实的，浮华的

expound /ɪk'spaʊnd/ *vt.* 解释(explain, interpret)

makeup /'meɪkʌp/ *n.* 化妆，化妆品；组成；体格；性格

overexploit /ˌəʊvəɪk'splɔɪt/ *vt.* 过度开采

nourish /'nʌrɪʃ/ *vt.* 养育，滋养；培养 (情绪、观点等) (foster) 派 nurture

withstand /wɪð'stænd/ *vt.* 抵挡；经受住

aquatic /ə'kwætɪk/ *a.* 水的，水上的，水生的

acquaintance /ə'kweɪntəns/ *n.* 相识；熟人；了解，知道

immoral /ɪ'mɒrəl/ *a.* 不道德的；邪恶的；不正派的

impertinent /ɪm'pɜːtɪnənt/ *a.* 无关的；鲁莽的

imprecise /ˌɪmprɪ'saɪs/ *a.* 不精确的，不严密的

laurel /'lɒrəl/ *n.* ［常*pl.*］桂冠；荣誉；殊荣 *v.* 戴桂冠；授予殊荣

nightmare /'naɪtmeə(r)/ *n.* 噩梦；可怕的事物

afield /ə'fiːld/ *ad.* 在野外，在田中；在战场上；离乡背井地；到远方，在远处

concrete /'kɒŋkriːt/ *a.* 混凝土制的；确实的，具体的；有形的，实在的 *n.* 混凝土

音频

Word List 5

Unit 1

entice /ɪn'taɪs/ *v.* 诱惑，诱使；吸引

acronym /'ækrənɪm/ *n.* 首字母缩写词

simultaneous /ˌsɪml'teɪniəs/ *a.* 同时的，同时发生的，同时存在的；同步的 派 simultaneously

locate /ləʊ'keɪt/ *vt.* 找到；位于；使坐落于；把…设置在 派 location

grateful /'greɪtfl/ *a.* 感激的，感谢的 派 gratitude

anecdote /'ænɪkdəʊt/ *n.* 短故事；趣闻，轶事

mental /'mentl/ *a.* 精神的；智力的

mania /'meɪniə/ *n.* 狂躁；狂热；癖好

esteem /ɪ'stiːm/ *n. & vt.* 尊重；尊敬

drain /dreɪn/ *n.* 排水沟 *v.* 耗尽；排水；流干

fill /fɪl/ *v.* 装满；弥漫；填补

portable /'pɔːtəbl/ *a.* 轻便的；手提(式)的，便携式的

pervade /pə'veɪd/ *vt.* 遍布，弥漫(permeate)

origin /'ɒrɪdʒɪn/ *n.* 起源，来源；出身 派 original; originate

cinematograph /ˌsɪnəmə'tɒgrəf/ *n.* 电影放映机；电影摄影机

minimize /'mɪnɪmaɪz/ *vt.* 使减到最低限度；最小化 派 minimum; minimal

mastery /'mɑːstəri/ *n.* 精通，熟练；控制

supportive /sə'pɔːtɪv/ *a.* 支持的，支援的；赞助的；鼓励的；同情的

preference /'prefrəns/ *n.* 喜爱；偏爱的事物(或人)；优先
派 preferential
perspiration /ˌpɜːspə'reɪʃn/ *n.* 出汗；汗水
zenith /'zenɪθ/ *n.* 顶点，顶峰，天顶
beguile /bɪ'gaɪl/ *vt.* 欺骗(deceive)
masterpiece /'mɑːstəpiːs/ *n.* 杰作，名著；代表作
inherit /ɪn'herɪt/ *v.* 继承；遗传而得 派 inheritance
efficient /ɪ'fɪʃnt/ *a.* 有效率的(effective, competent)
派 efficiency
limitation /ˌlɪmɪ'teɪʃn/ *n.* 限制；局限性；限度
派 limitative; limited
precipitous /prɪ'sɪpɪtəs/ *a.* 陡峭的(sheer, extreme steep)；急躁的
equality /i'kwɒləti/ *n.* 同等，相等；等式 派 equally
perpetuate /pə'petʃueɪt/ *v.* 永存，不朽
overdraft /'əʊvədrɑːft/ *n.* 透支；透支额
cater /'keɪtə(r)/ *v.* 提供饮食；迎合；满足需要(或欲望)
aura /'ɔːrə/ *n.* 气氛(atmosphere, mood)
pedigree /'pedɪgriː/ *n.* 家谱；门第；血统
wry /raɪ/ *a.* 扭歪的；歪曲的；讽刺的
livelihood /'laɪvlihʊd/ *n.* 生活，生计(trash, rubbish)
hobby /'hɒbi/ *n.* 业余爱好，兴趣
gross /grəʊs/ *n.* 总额 *a.* 总的；毛重的
calculate /'kælkjuleɪt/ *v.* 计算，推算；估计，推测；计划，打算
flavor /'fleɪvə(r)/ *n.* 味，风味
regime /reɪ'ʒiːm/ *n.* 政体；政权，政权制度
mammal /'mæml/ *n.* 哺乳动物
underpin /ˌʌndə'pɪn/ *vt.* 加固…的基础；加强，巩固
habitat /'hæbɪtæt/ *n.* (动、植物的)生活环境；产地；栖息地；居留地；自生地；聚集处

exacerbate /ɪg'zæsəbeɪt/ *vt.* 恶化，加剧

acrobatic /ˌækrə'bætɪk/ *a.* 杂技的；杂技般的；杂技演员的

lantern /'læntən/ *n.* 灯笼，提灯；幻灯

emperor /'empərə(r)/ *n.* 皇帝，君主(女皇帝为empress)

irrational /ɪ'ræʃənl/ *a.* 不合理的，不合逻辑的，荒谬的 *n.* 无理数

nasty /'nɑːsti/ *a.* 令人讨厌的；不友好的，恶意的，下流的；恶劣的

protocol /'prəʊtəkɒl/ *n.* 草案；协议；礼仪；外交礼节

bust /bʌst/ *n.* 半身像，胸像 *v.* 逮捕；搜查

trick /trɪk/ *n.* 诡计，花招，把戏 *v.* 欺骗，戏弄

laud /lɔːd/ *vt.* 赞美(compliment, praise)

pavilion /pə'vɪliən/ *n.* 大帐篷；场馆；亭子

sacrifice /'sækrɪfaɪs/ *n.* 牺牲，牺牲品；献祭，供奉；祭品，供物 *v.* 牺牲，献祭

punch /pʌntʃ/ *v.* 穿孔，打孔；重击，猛击 *n.* 猛击；冲床，穿孔机；力量，效力

gifted /'gɪftɪd/ *a.* 有才华的，有天赋的

consulate /'kɒnsjələt/ *n.* 领事馆；领事职位，领事任期

handicap /'hændikæp/ *n.* 障碍，阻碍；障碍赛跑(hindrance) *v.* 妨碍，使不利

concentrate /'kɒnsntreɪt/ *v.* 全神贯注，全力以赴；集中，聚集；浓缩 *n.* 浓缩物，浓缩液 派 concentration

pacify /'pæsɪfaɪ/ *vt.* 镇定；抚慰(appease, placate)

calamity /kə'læməti/ *n.* 灾难，不幸事件(danger)

prior /'praɪə(r)/ *a.* 在前的，优先的 派 priority

intuition /ˌɪntju'ɪʃn/ *n.* 直觉

fragment /'frægmənt/ *n.* 碎片；片段(component, segment)

vehement /ˈviːəmənt/ *a.* 猛烈的(passionate)，激烈的(ardent) 派 vehemence

intrude /ɪnˈtruːd/ *v.* 闯入，侵入；侵扰

downpour /ˈdaʊnpɔː(r)/ *n.* 倾盆大雨

leisure /ˈleʒə(r)/ *n.* 空闲，闲暇；悠闲，安逸

fragile /ˈfrædʒaɪl/ *a.* 脆弱的；虚弱的；易碎的；易受伤害的(delicate, brittle, frail)

ruminate /ˈruːmɪneɪt/ *v.* 沉思(meditate)

evade /ɪˈveɪd/ *v.* 规避；逃避，躲避

participate /pɑːˈtɪsɪpeɪt/ *vi.* 参加，参与

striking /ˈstraɪkɪŋ/ *a.* 显著的(prominent, outstanding, impressive)；惊人的

vernacular /vəˈnækjələ(r)/ *n.* 本国话；方言；土语；(建筑的)民间风格 *a.* 本国语的

compatible /kəmˈpætəbl/ *a.* 仁慈的，富有同情心的

creative /kriˈeɪtɪv/ *a.* 创造性的；创作的 派 creativity

modest /ˈmɒdɪst/ *a.* 谦虚的(humble, unassuming)；适度的

assistant /əˈsɪstənt/ *a.* 助理的；副的 *n.* 助理 派 assistantship

grammar /ˈɡræmə(r)/ *n.* 语法，文法

freedom /ˈfriːdəm/ *n.* 自由

dormant /ˈdɔːmənt/ *a.* 休眠的；静止的；隐匿的

irreplaceable /ˌɪrɪˈpleɪsəbl/ *a.* 不能代替的；不能调换的

absurd /əbˈsɜːd/ *a.* 荒谬的(ridiculous)，荒唐的

aroma /əˈrəʊmə/ *n.* 香气，芬芳，芳香(fragrance, scent, perfume)

backward /ˈbækwəd/ *a. & ad.* 向后的(地)；相反的(地)

benevolent /bəˈnevələnt/ *a.* 慈善的(charitable)

vacillate /ˈvæsəleɪt/ *vi.* 犹豫不定，踌躇不决

glare /ɡleə(r)/ *n.* 炫目的光 *v.* 闪耀；瞪视

immigrant /'ɪmɪgrənt/ *n.* 移民，侨民 *a.* 移来的；移民的

transplant /træns'plɑːnt/ *vt.* 移栽，移种(植物等)；移植(器官等)；使迁移，使移居 *n.* (器官等的)移植

lexical /'leksɪkl/ *a.* 词汇的

handle /'hændl/ *v.* 处理；操作，操纵；触，抚摸 *n.* 手柄，把手

module /'mɒdjuːl/ *n.* 模块；模式；(航空器中的)舱；组件；单元

vaccine /'væksiːn/ *n.* 疫苗 派 vaccinate

accumulate /ə'kjuːmjəleɪt/ *vt.* 积聚(aggregate, amass, accrue)；堆积

overdue /ˌəʊvə'djuː/ *a.* 过期未付的；逾期的；过度的，过火的；迟到的，延误的

instruct /ɪn'strʌkt/ *v.* 教，教导；命令，指示；通知

cruel /'kruːəl/ *a.* 残忍的(ferocious, ruthless) 派 cruelty

camp /kæmp/ *n.* 营地，露营；拘留营 *vi.* 露营；扎营

Unit 2

exchange /ɪks'tʃeɪndʒ/ *v.* 交换，调换；交易；兑换；交流；谈话，争论 *n.* 交换，调换；交易(所)；兑换(率)；交流

acquiesce /ˌækwi'es/ *v.* 默许；勉强同意

defer /dɪ'fɜː(r)/ *vt.* 延期(delay, postpone)

peril /'perəl/ *n.* 极大危险；危险的事(或环境)；险情 派 perilous

gorgeous /'gɔːdʒəs/ *a.* 绚丽的(beautiful, admirable, very colorful)

insinuate /ɪn'sɪnjueɪt/ *vt.* 暗示(allude, hint, imply)

inner /'ɪnə(r)/ *n.* 里面 *a.* 内心的；内在的

flatter /'flætə(r)/ *vt.* 奉承，阿谀，谄媚

insight /ˈɪnsaɪt/ *n.* 洞察力，深刻的了解；顿悟

scheme /skiːm/ *n.* 计划，方案；体系，体制；阴谋 *v.* 计划，策划；密谋

auspicious /ɔːˈspɪʃəs/ *a.* 吉兆的；幸运的(promising, favorable)

bankrupt /ˈbæŋkrʌpt/ *n.* (经法院判决的)破产者 *v.* 使破产 *a.* 破产的 派 bankruptcy

obstinate /ˈɒbstɪnət/ *a.* 倔强的，顽固的

flame /fleɪm/ *n.* 火焰；强烈的感情 *v.* 发火焰，燃烧

toxic /ˈtɒksɪk/ *a.* 有毒的，中毒的(noxious, poisonous)

distinct /dɪˈstɪŋkt/ *a.* 截然不同的，独特的；清楚的；明白的 派 distinction; distinctive

succession /səkˈseʃn/ *n.* 连续；接替，继承 派 successive

eternal /ɪˈtɜːnl/ *a.* 永恒的，永远的，不灭的

corporate /ˈkɔːpərət/ *a.* 社团的；法人的；公司的；共同的；全体的

resistance /rɪˈzɪstəns/ *n.* 反抗，抵制；抵抗力，抵抗性；阻力；电阻

capacity /kəˈpæsəti/ *n.* 容量，容积；能量，能力

eloquence /ˈeləkwəns/ *n.* 雄辩；口才；修辞 派 eloquent

feminine /ˈfemənɪn/ *a.* 娇柔的；阴性的；女性的

booth /buːð/ *n.* (隔开的)小房间；公用电话亭；售货棚

elaborate /ɪˈlæbərət/ *a.* 详尽的；复杂的；精心制作的 *v.* 详述；详细制定

autonomous /ɔːˈtɒnəməs/ *a.* 自治的；独立自主的

blunt /blʌnt/ *v.* 迟钝；减弱 *a.* 钝的；生硬的

generally /ˈdʒenrəli/ *ad.* 一般地，通常；大致地，普遍地

ponder /ˈpɒndə(r)/ *vt.* 考虑 *vi.* 沉思(meditate)

larceny /ˈlɑːsəni/ *n.* 盗窃罪(robbery, theft)

noble /ˈnəʊbl/ *n.* 贵族 *a.* 高贵的；高尚的；宏伟的 派 nobility

scrub /skrʌb/ *v.* 用力擦洗，把…擦净；取消(计划等) *n.* 矮树丛，灌木丛

passive /ˈpæsɪv/ *a.* 被动的；消极的；顺从的；冷淡的

amateur /ˈæmətə(r)/ *n.* 外行；业余爱好者 *a.* 业余的

embroidery /ɪmˈbrɔɪdəri/ *n.* 刺绣品，刺绣

renewal /rɪˈnjuːəl/ *n.* 更新，恢复；重新开始；重建；复兴；续期；重申

minute /maɪˈnjuːt/ *a.* 微小的(insignificant, miniature)

impart /ɪmˈpɑːt/ *vt.* 给予；传递(disseminate)；告诉(inform)

prodigy /ˈprɒdədʒi/ *n.* 奇迹；奇才，神童

generate /ˈdʒenəreɪt/ *vt.* 发生，产生(光、热、电等)；引起，导致 派 generative

flutter /ˈflʌtə(r)/ *v.* 振(翅)，拍打(翅膀)；飘动，晃动；(快速而不规则地)跳动

bid /bɪd/ *n.* & *v.* 出价；投标；力求获得，努力争取

outburst /ˈaʊtbɜːst/ *n.* (火山、感情等) 爆发，喷出 (surge, explosion)

homage /ˈhɒmɪdʒ/ *n.* 敬意(respect, reverence)

underprivileged /ˌʌndəˈprɪvəlɪdʒd/ *a.* 生活水平或享有的权利比别人低的；贫困的

exalt /ɪgˈzɔːlt/ *vt.* 称赞(extol, laud)；提升(promote) 派 exalted

mutiny /ˈmjuːtəni/ *n.* 兵变，反抗(insurgence) *v.* 叛变，造反，兵变

obstacle /ˈɒbstəkl/ *n.* 障碍(barrier, impediment)

ratify /ˈrætɪfaɪ/ *v.* 批准；认可；签署 派 ratification

cast /kɑːst/ *v.* 投射(光、视线等)；把…加于；投，扔；丢弃，剔除；脱落，蜕(皮)；浇铸，铸造

injection /ɪnˈdʒekʃn/ *n.* 注射；注射物(implant, infuse)

groan /grəʊn/ *vi.* 呻吟；叹息 *n.* 呻吟声，叹息声

crush /krʌʃ/ *vt.* 碾碎；压服，压垮；镇压，制服；压碎(crunch)，压坏 派 crushing

bail /beɪl/ *n.* 保释；保证金 *v.* 保释

mime /maɪm/ *v.* 模拟，模仿 *n.* 哑剧表演；哑剧演员 派 mimic

excel /ɪk'sel/ *v.* 优秀，胜过他人 (surpass, exceed)

besiege /bɪ'siːdʒ/ *vt.* 围(enclose)；围困；围攻(城堡等)

scope /skəʊp/ *n.* 眼界，见识；(活动、影响等的)范围；(发挥能力等的)余地，机会

contradict /ˌkɒntrə'dɪkt/ *v.* 反驳，驳斥；与…发生矛盾；抵触(counteract, oppose)

lengthy /'leŋθi/ *a.* (演说、文章等)冗长的；过分的

nimble /'nɪmbl/ *a.* 思路敏捷的；机敏的(quick)

endorsement /ɪn'dɔːsmənt/ *n.* 背书；签注(文件)；认可

colloquial /kə'ləʊkwiəl/ *a.* 会话的，口语的(oral)

bereave /bɪ'riːv/ *vt.* 剥夺(deprive, be devoid of)，使丧失

budget /'bʌdʒɪt/ *n.* 预算 *vi.* 做预算，编入预算

antagonist /æn'tægənɪst/ *n.* 敌手，对手

discharge /dɪs'tʃɑːdʒ/ *n.* 排出(物)；获准离开，免职；履行，执行；(债务的)清偿 *v.* 解雇；释放；排出，放出；放(电)；完成，履行

doze /dəʊz/ *n. & v.* 瞌睡；假寐

harmonious /hɑː'məʊniəs/ *a.* 和谐的；协调的

extort /ɪk'stɔːt/ *vt.* 勒索，强索(extract, squeeze)

decolonization /diːˌkɒlənaɪ'zeɪʃn/ *n.* 非殖民(地)化

spasm /'spæzəm/ *n.* 痉挛；抽搐；(活动、情感等的)突发，阵发

sabotage /'sæbətɑːʒ/ *n. & v.* 破坏；怠工

repatriate /ˌriː'pætrieɪt/ *v.* 把(某人)遣返回国；归国

referendum /ˌrefəˈrendəm/ *n.* 公民复决投票；复决权

weary /ˈwɪəri/ *a.* 疲劳的，令人厌倦的 *v.* 厌烦，不耐烦

aisle /aɪl/ *n.* 走廊，通道；(教堂的)侧廊

indignity /ɪnˈdɪgnəti/ *n.* 轻蔑，侮辱，侮辱的行为

incur /ɪnˈkɜː(r)/ *v.* 招致，引起

innate /ɪˈneɪt/ *a.* 天生的(inborn, inherent)

perpetrate /ˈpɜːpətreɪt/ *vt.* 做(坏事)，犯(罪)

subtle /ˈsʌtl/ *a.* 细微的，微妙的，难以捉摸的；隐约的；精巧的，巧妙的；诡秘的，狡诈的

span /spæn/ *n.* 跨距；一段时间 *v.* 横跨；持续

disorientate /dɪsˈɔːriənteɪt/ *vt.* 使失去方向感；使迷茫，使不知所措(=disorient)

criteria /kraɪˈtɪəriə/ *n.* 标准；规范

clue /kluː/ *n.* 线索 (information)；提示

principle /ˈprɪnsəpl/ *n.* 原则，原理；规范，准则；基本信念，信条

aristocrat /ˈærɪstəkræt/ *n.* 贵族(nobleman)，具有贵族气派的人

temperance /ˈtempərəns/ *n.* 节制，自制(self-control, moderation)；戒酒

bruise /bruːz/ *n.* 淤伤，擦伤 *v.* 打击；挫伤

craft /krɑːft/ *n.* 工艺，手艺；船；航空器 派 crafty; craftsman

fantasy /ˈfæntəsi/ *n.* 幻想，空想(dream)；怪念头(fancy) 派 fantastically

prevent /prɪˈvent/ *v.* 防止；预防; 阻碍(block, cumber, hinder, obstruct)

investigate /ɪnˈvestɪgeɪt/ *vt.* 调查(inspect, probe)，研究(research, survey)

expert /ˈekspɜːt/ *n.* 专家，能手 *a.* 专家的，内行的；熟练的 派 expertise

annoy /ə'nɔɪ/ *vt.* 使烦恼；打搅

purify /'pjʊərɪfaɪ/ *vt.* 使洁净，使纯洁，净化；提纯，精炼

派 purity; pure

accompany /ə'kʌmpəni/ *vt.* 陪伴；伴随，与…同时发生；伴奏

prevail /prɪ'veɪl/ *vi.* 流行，盛行；占优势，战胜

派 prevailing

modify /'mɒdɪfaɪ/ *vt.* 更改，修改；(语法上)修饰

派 modification

Unit 3

submerge /səb'mɜːdʒ/ *v.* 浸入水中；淹没；掩盖

embellish /ɪm'belɪʃ/ *vt.* 装饰，修饰(decorate, adorn)

congestion /kən'dʒestʃən/ *n.* 拥挤，充塞；充血

sprout /spraʊt/ *v.* 萌芽，长出(bud, burgeon, germinate)

blessed /'blesɪd/ *a.* 愉快的(amused, blithe)

digest /daɪ'dʒest/ *v.* 消化；领会 *n.* 文摘

lever /'liːvə(r)/ *vt.* (用杠杆)撬动 *n.* 杠杆；施压手段

scrunch /skrʌntʃ/ *vt.* 缩紧；揉皱

deluxe /ˌdə'lʌks/ *a.* 豪华的，华丽的

medieval /ˌmedi'iːvl/ *a.* 中世纪的，仿中世纪的；老式的(ancient)

impair /ɪm'peə(r)/ *vt.* 损害(harm, damage)

drought /draʊt/ *n.* 干旱，旱灾

eschew /ɪs'tʃuː/ *vt.* 避开(avoid, shun)；远离

enunciate /ɪ'nʌnsieɪt/ *v.* 阐明；清晰发音(articulate)

appointment /ə'pɔɪntmənt/ *n.* 约会；指定；预约；任命

means /miːnz/ *n.* 方法；手段；金钱，财富

dead /ded/ *ad.* 完全地(completely) 派 deadline; deadly

puncture /ˈpʌŋktʃə(r)/ *n.* 刺孔，穿孔，刺痕 *vi.* 刺穿，刺破

behalf /bɪˈhɑːf/ *n.* 利益；支持；赞成；代表

irregularity /ɪˌregjəˈlærəti/ *n.* 不规则，无规律

superfluous /suːˈpɜːfluəs/ *a.* 多余的；过剩的，过量的

register /ˈredʒɪstə(r)/ *n.* 注册，登记；登记表 *v.* 注册，登记 派 registration

meditate /ˈmedɪteɪt/ *v.* 想，考虑；沉思，冥想

lament /ləˈment/ *v.* 为…悲痛，痛惜

uprising /ˈʌpraɪzɪŋ/ *n.* 起义，暴动，叛乱

propitious /prəˈpɪʃəs/ *a.* 吉利的

intoxicate /ɪnˈtɒksɪkeɪt/ *vt.* 使中毒

infrastructure /ˈɪnfrəstrʌktʃə(r)/ *n.* 基础结构，基础设施

temperate /ˈtempərət/ *a.* 适度的，有节制的(appropriate, reasonable, self-controlled)

predictable /prɪˈdɪktəbl/ *a.* 可预言的，可预报的；按老一套办事的，墨守成规的 派 predictability

underline /ˌʌndəˈlaɪn/ *vt.* 画线于…之下；强调

protract /prəˈtrækt/ *vt.* 延长(lengthen, prolong)，拖延

establish /ɪˈstæblɪʃ/ *vt.* 建立；确立；安置，使定居

pattern /ˈpætn/ *n.* 模式，式样；图案；榜样 *v.* 模仿；仿制

injurious /ɪnˈdʒʊəriəs/ *a.* 侮辱的，诽谤的；有害的(harmful, deleterious)

entry /ˈentri/ *n.* 进入；登记

arid /ˈærɪd/ *a.* 干旱的(barren, dry)；贫瘠的；无趣的，沉闷的

gallop /ˈɡæləp/ *v. & n.* 奔驰，飞跑，飞驰

confidence /ˈkɒnfɪdəns/ *n.* 信任；信心

paltry /ˈpɔːltri/ *a.* 微不足道的；琐碎的；无价值的

interfere /ˌɪntəˈfɪə(r)/ *vi.* 干涉，干预(intervene, meddle)；妨碍

seclude /sɪˈkluːd/ *vt.* 使隔离，使孤立
派 secluded; seclusion

quench /kwentʃ/ *v.* 熄灭，扑灭；压制

patient /ˈpeɪʃnt/ *n.* 病人 *a.* 有耐心的；能忍耐的

派 patience

fumble /ˈfʌmbl/ *v.* 摸索，搜寻

ravenous /ˈrævənəs/ *a.* 贪婪的，渴望的(grasping, greedy, voracious)

evidence /ˈevɪdəns/ *n.* 证据，迹象 *v.* 证明，证实 派 evident

anchor /ˈæŋkə(r)/ *n.* 锚；给人安全感的人(或物)；精神支柱；顶梁柱 *v.* 抛锚；使固定，系牢；使基于；主持(电视节目等)

feedback /ˈfiːdbæk/ *n.* 反馈；反馈信息

merge /mɜːdʒ/ *v.* 合并；融合；兼并

emend /iˈmend/ *vt.* 修订(amend, improve)

honour /ˈɒnə(r)/ *n.* 光荣；尊敬 *vt.* 向…示敬意；信守，执行(承诺)

frank /fræŋk/ *a.* 坦白的，直率的

jingle /ˈdʒɪŋgl/ *n.* 叮当声 *v.* (使)发叮当声

dignify /ˈdɪgnɪfaɪ/ *vt.* 使尊荣，使显贵(ennoble)

conflict /ˈkɒnflɪkt/ *n.* 战斗；斗争；意见(分歧)

medication /ˌmedɪˈkeɪʃn/ *n.* 药；药物

headway /ˈhedweɪ/ *n.* 进展 (progress)

fuss /fʌs/ *n.* 忙乱；骚乱；大惊小怪 *v.* 烦恼，烦扰

jerk /dʒɜːk/ *v.* 使猝然一动；猛拉 *n.* 急推，急扭；抽搐

lottery /ˈlɒtəri/ *n.* 彩票；巧合的事；抽签

satiate /ˈseɪʃieɪt/ *vt.* 使饱享，使满足

predator /ˈpredətə(r)/ *n.* 捕食性动物；食肉动物；奴役他人者(尤指在财务或性关系上面)；剥削者，掠夺者

feed /fiːd/ *v.* 喂养，为…提供食物；吃，以…为食 *n.* 饲料

crisp /krɪsp/ *n.* 薯片；松脆物 *v.* (使)发脆；(使)卷曲 *a.* 脆的(crunchy, brittle)；易碎的；卷曲的

random /'rændəm/ *a.* 任意的，随机的，随意的 *n.* 随机，随意

lateral /'lætərəl/ *n.* 侧面 *a.* 横向的；侧面的；旁边的

mayhem /'meɪhem/ *n.* 极端混乱状态(chaos)

justice /'dʒʌstɪs/ *n.* 正义，公正；司法

judicious /dʒu'dɪʃəs/ *a.* 明智的(thoughtful, sensible)；有见识的

hideous /'hɪdiəs/ *a.* 骇人听闻的；丑恶的(ugly, ill-looking)

noxious /'nɒkʃəs/ *a.* 有害的；有毒的

annihilate /ə'naɪəleɪt/ *vt.* 消灭(abolish)，毁灭，歼灭

catalogue /'kætəlɒg/ *n.* 目录；总目；系列 *v.* 编入目录

bulletin /'bʊlətɪn/ *n.* (报纸、电台等的)新闻简报；公告；学报；期刊(尤指机关刊物)

extravagant /ɪk'strævəgənt/ *a.* 奢侈的，铺张的；(言行等)无节制的，过分的，放肆的 派 extravagantly

logic /'lɒdʒɪk/ *n.* 逻辑，逻辑学；条理性 派 logical

migrant /'maɪgrənt/ *n.* 移居者，移民；迁移动物，候鸟

decipher /dɪ'saɪfə(r)/ *n.* 密电译文 *v.* 译解(密码等)，破译

warrant /'wɒrənt/ *n.* 授权，正当理由 *vt.* 保证；辩解

deprive /dɪ'praɪv/ *vt.* 剥夺；使丧失 派 deprivation

lunar /'luːnə(r)/ *a.* 月的，月亮的

fitful /'fɪtfl/ *a.* 一阵阵的，断续的

diligent /'dɪlɪdʒənt/ *a.* 勤勉的，勤奋的(industrious, assidous)

brief /briːf/ *a.* 短时间的，短暂的；简短的，简洁的 *n.* 概要，摘要 *vt.* 向…介绍基本情况，为…提供资讯

violate /'vaɪəleɪt/ *vt.* 违反，违犯，违背；亵渎；侵犯，干扰

slender /'slendə(r)/ *a.* 修长的，细长的，苗条的；微小的，微薄的

bicker /'bɪkə(r)/ *vi.* 争吵(brawl, quarrel)

facility /fə'sɪləti/ *n.* 熟练(proficiency)；(复数)工具
abscond /əb'skɒnd/ *v.* 潜逃，逃亡
genius /'dʒiːniəs/ *n.* 天才，天赋；天才人物
ineligible /ɪn'elɪdʒəbl/ *a.* 无资格的(disqualified)；不适当的(unsuitable)
attribute /ə'trɪbjuːt/ *n.* 性质(characteristic, quality, trait)
align /ə'laɪn/ *v.* 排列；结盟；排成一线
clause /klɔːz/ *n.* 条款
muscle /'mʌsl/ *n.* 肌肉；体力；力量，实力 派 muscular
itinerary /aɪ'tɪnərəri/ *n.* 行程表；旅行路线，旅行计划
code /kəʊd/ *n.* 密码；代码 *vt.* 把…编码
sharpen /'ʃɑːpən/ *v.* 削尖，磨快；使敏锐，使敏捷
glory /'glɔːri/ *n.* 光荣，荣誉；壮丽 派 glorious

Unit 4

guardian /'gɑːdiən/ *n.* 护卫者，保护人；监护人
effuse /ɪ'fjuːz/ *vt.* 流出；散布 派 effusion
subside /səb'saɪd/ *v.* 下沉；平息；减退；衰减
eastern /'iːstən/ *a.* 东部的，东方的
corporal /'kɔːpərəl/ *a.* 肉体的，身体的 *n.* (陆军或空军)下士
profession /prə'feʃn/ *n.* 职业；业内人士；声明
prominence /'prɒmɪnəns/ *n.* 突出，显著；卓越 派 prominent
aggression /ə'greʃn/ *n.* 侵略；侵犯；挑衅；侵犯行为；侵略行为
radical /'rædɪkl/ *a.* 根本的，基本的；激进的(utmost)
inscribe /ɪn'skraɪb/ *v.* (在某物上)写、题、铭刻；牢记，铭记
languish /'læŋgwɪʃ/ *v.* 憔悴，衰弱；衰败；受苦，折磨
destiny /'destəni/ *n.* 命运，定数

torpid /'tɔːpɪd/ *a.* 迟钝的，不活泼的(lethargic, sluggish)

pursue /pə'sjuː/ *v.* 追求；追捕；从事(pursuit *n.*)

realise /'riːəlaɪz/ *v.* 认识到；了解；实现 派 realistic; realisation

alley /'æli/ *n.* 小巷；胡同

latent /'leɪtnt/ *a.* 潜在的；潜伏的；隐藏的

symmetry /'sɪmətri/ *n.* 对称(性)；匀称(balance, harmony)

renewable /rɪ'njuːəbl/ *a.* 可更新的，可再生的，可恢复的；可延长有效期的，可续期的

sequence /'siːkwəns/ *n.* 一系列，一连串；顺序，次序

mediocre /ˌmiːdi'əʊkə(r)/ *a.* 平常的，普通的(ordinary, average)

fleet /fliːt/ *n.* 舰队，船队 *a.* 快速的，敏捷的 *v.* 疾驰，飞逝，掠过

benign /bɪ'naɪn/ *a.* 亲切的(kind, benevolent)；良性的；善良的；温和的；善意的

enlarge /ɪn'lɑːdʒ/ *v.* 增大，扩大(increase)

glean /gliːn/ *vt.* 收集(collect, gather)

meander /mi'ændə(r)/ *v.* 蜿蜒而流(wind, zigzag)

greed /griːd/ *n.* 贪心，贪婪；贪吃

excavate /'ekskəveɪt/ *v.* 挖掘，开凿，挖出 派 excavation

noteworthy /'nəʊtwɜːði/ *a.* 值得注意的；显著的(noticeable)

fabric /'fæbrɪk/ *n.* 织品，织物，布

fortune /'fɔːtʃuːn/ *n.* 命运；财产；运气 派 fortunate

contribute /kən'trɪbjuːt/ *v.* 捐赠，捐助；起作用，影响

humiliate /hjuː'mɪlieɪt/ *vt.* 使屈辱，羞辱(shame, humble, insult)

edit /'edɪt/ *v.* 编辑；剪辑 派 edition; editorial

administer /əd'mɪnɪstə(r)/ *vt.* 管理(govern, supervise)；给予；执行 派 administration

individual /ˌɪndɪ'vɪdʒuəl/ *a.* 个别的，单独的；独特的 *n.* 个人，个体

devise /dɪ'vaɪz/ *vt.* 计划；发明(create, invent)；图谋

impute /ɪm'pjuːt/ *vt.* 归咎于(ascribe, attribute)

prerequisite /ˌpriː'rekwəzɪt/ *n.* 先决条件，前提；必备条件 *a.* 必备的

malign /mə'laɪn/ *v.* 诽谤 *a.* 恶毒的

magniloquent /mæg'nɪləkwənt/ *a.* 夸大的，言过其实的

facsimile /fæk'sɪməli/ *n.* 摹本，拓本，复制本；传真

currency /'kʌrənsi/ *n.* 流传，传播；货币，通货；流通

involuntary /ɪn'vɒləntri/ *a.* 无意的；不知不觉的，无意识的

foreland /'fɔːlənd/ *n.* 前沿地；岬角

foul /faʊl/ *a.* 发臭的；肮脏的；邪恶的 *n.* 犯规

pervert /pə'vɜːt/ *v.* 误用；歪曲；颠倒；败坏

joint /dʒɔɪnt/ *n.* 关节；接头 *v.* 贴合；连接 *a.* 联合的，共同的

preliterate /prɪ'lɪtərət/ *a.* 文字出现以前的

speculate /'spekjuleɪt/ *v.* 推测；思索；投机 派 speculation

kneel /niːl/ *v.* 跪下，跪着

interrogatory /ˌɪntə'rɒgətri/ *a.* 质问的，疑问的(questionable)

peerless /'pɪələs/ *a.* 无与伦比的(matchless, unparalleled)

perennial /pə'reniəl/ *a.* 长久的，永远的(permanent, lasting, year round)

genial /'dʒiːniəl/ *a.* 和蔼的(kind, good-natured)

insist /ɪn'sɪst/ *vt.* 主张(claim)；坚持说(adhere)

leak /liːk/ *n.* 漏洞；漏出；漏出物 *vi.* 漏，泄漏 *vt.* 使渗漏

collude /kə'luːd/ *vi.* 串通，共谋，勾结

languid /'læŋgwɪd/ *a.* 精神不振的(sluggish, listless)

bargain /'bɑːgən/ *vi.* 讨价还价 *n.* 协议；交易；便宜货

propagate /'prɒpəgeɪt/ *v.* 繁殖，增殖；传播，宣传，使普及(produce, multiply)

gloss /glɒs/ *n.* 光泽，色泽；虚假的外表，假象；注解，解释 *v.* 使具有光泽；掩饰；曲解；做注释；发光，发亮

intricate /'ɪntrɪkət/ *a.* 错综复杂的(complicated, entangled)；难懂的

obtain /əb'teɪn/ *v.* 获得，得到；通用，流行

hazard /'hæzəd/ *n.* 危险，冒险 *v.* 尝试着做(或提出)；冒…风险 派 hazardous

shrug /ʃrʌg/ *n. & v.* 耸肩

beware /bɪ'weə(r)/ *v.* 小心，谨防

havoc /'hævək/ *n.* 大破坏(damage, destruction)；浩劫；混乱

obstruct /əb'strʌkt/ *v.* 妨碍，阻止；阻塞；截断

joyous /'dʒɔɪəs/ *a.* 快乐的，高兴的

disseminate /dɪ'semɪneɪt/ *vt.* 散布，传播(disperse, distribute, spread, impart)

hollow /'hɒləʊ/ *a.* 空的，空洞的；(声音)沉闷的；虚伪的，空虚的 *v.* 挖空，凿空

conduction /kən'dʌkʃn/ *n.* 传导

biology /baɪ'ɒlədʒi/ *n.* 生物学；生态学；生物群落 派 biological

loose /luːs/ *a.* 宽松的；不牢固的

deficit /'defɪsɪt/ *n.* 赤字；不足额

duration /dju'reɪʃn/ *n.* 持续，持续的时间，期间 派 durable; durability

emaciate /ɪ'meɪʃɪeɪt/ *vt.* 使瘦弱

footage /ˈfʊtɪdʒ/ *n.* 影片长度

enervate /ˈenəveɪt/ *vt.* 使衰弱(enfeeble, weaken)

adroit /əˈdrɔɪt/ *a.* 灵巧的(skillful, adept, deft)

lethargy /ˈleθədʒi/ *n.* 昏睡；没精打采；呆滞；懒散

comparative /kəmˈpærətɪv/ *a.* 可比较的， 类似的(similar)；比得上的

emphatic /ɪmˈfætɪk/ *a.* 语势强的；用力的；显著的；断然的

congruent /ˈkɒŋgruənt/ *a.* 全等的

multicultural /ˌmʌltiˈkʌltʃərəl/ *a.* 多元文化的

process /ˈprəʊses/ *n.* 过程；步骤，程序 *vt.* 加工；处理；办理

inhumane /ˌɪnhjuːˈmeɪn/ *a.* 不近人情的，残忍的，不人道的

objective /əbˈdʒektɪv/ *n.* 目标；目的；宾格 *a.* 客观的

rankle /ˈræŋkl/ *v.* 痛苦；怨恨；恼怒

canny /ˈkæni/ *a.* 谨慎的，精明的(cautious, prudent)

caution /ˈkɔːʃn/ *n.* 谨慎，小心 *v.* 提醒，警告 派 cautious

fashion /ˈfæʃn/ *n.* 方式；流行款式；时装 派 fashionable

Incubation /ˌɪŋkjuˈbeɪʃn/ *n.* 潜伏

amiable /ˈeɪmiəbl/ *a.* 亲切的，和蔼可亲的(affable, obliging)

humorous /ˈhjuːmərəs/ *a.* 幽默的，诙谐的

procure /prəˈkjʊə(r)/ *v.* (努力)取得 (acquire, obtain)；获得 派 procurement

constitution /ˌkɒnstɪˈtjuːʃn/ *n.* 宪法，章程；体质，体格；组成，形成

counterfeit /ˈkaʊntəfɪt/ *n.* 赝品，伪造品 *a.* 伪造的，假冒的

Unit 5

terrible /ˈterəbl/ *a.* 极度的；厉害的；可怕的，骇人的；艰难的，困难的；糟透的

pardon /ˈpaːdn/ *vt.* 原谅，宽恕

preface /ˈprefəs/ *n.* 序言，引言 *vt.* 为…写序言；以…为开端

cascade /kæˈskeɪd/ *n.* 瀑布 *v.* 瀑布似落下

climate /ˈklaɪmət/ *n.* 气候(weather)；气氛(atmosphere)

authentic /ɔːˈθentɪk/ *a.* 可靠的；有根据的；真实的(genuine, real, actual, genuine)

abate /əˈbeɪt/ *v.* (使)减少，减轻

riproarious /rɪpˈrɔːriəs/ *a.* 喧闹的，欢闹的

impulse /ˈɪmpʌls/ *n.* 冲动，突如其来的念头；刺激，驱使；脉冲(desire, urge)

laundry /ˈlɔːndri/ *n.* 洗衣；洗衣店；待洗的衣服

terrify /ˈterɪfaɪ/ *vt.* 使恐惧，使惊吓

undermine /ˌʌndəˈmaɪn/ *v.* 损坏，破坏；逐渐削弱

flare /fleə(r)/ *v.* 闪耀(glare, shine)

infant /ˈɪnfənt/ *n.* 婴幼儿 *a.* 婴儿的；幼稚的；初期的
派 infancy

delicious /dɪˈlɪʃəs/ *a.* 美味的

eventual /ɪˈventʃuəl/ *a.* 最后的(final, ultimate)

aberrant /æˈberənt/ *a.* 异常的(deviating)

tenacious /təˈneɪʃəs/ *a.* 抓住不放的，顽强的(stubborn, resolute)

mass /mæs/ *a.* 大量的 *n.* 团，众多；【物】质量；［常*pl.*］群众，民众 *v.* 聚集

flush /flʌʃ/ *v.* 冲洗，清除；(使)发红；(使)脸红；奔流 *n.* 脸红，红光 *a.* 齐平的，同高的

clearance /'klɪərəns/ *n.* 清除；清仓

intrigue /ɪn'triːg/ *v.* 密谋，施诡计；引起极大兴趣，迷住 *n.* 阴谋，诡计；密谋

revere /rɪ'vɪə(r)/ *v.* 尊敬，敬畏，崇敬

meaning /'miːnɪŋ/ *n.* 意义，含义 *a.* 意味深长的

派 meaningful

passport /'pɑːspɔːt/ *n.* 护照；途径，路子，手段

evaporate /ɪ'væpəreɪt/ *v.* (使)蒸发；消失；不复存在(vanish, vaporize) 派 evaporation

overtake /ˌəʊvə'teɪk/ *v.* (暴风雨、麻烦等)突然侵袭；压倒；追上；超过

germinate /'dʒɜːmɪneɪt/ *v.* (使)发芽，(使)生长；发展

bacterial /bæk'tɪəriəl/ *a.* 细菌的；由细菌引起的

cognition /kɒg'nɪʃn/ *n.* 感知，认知；认识力

exultant /ɪg'zʌltənt/ *a.* 欢腾的，狂欢的(happy, jubilant)

mature /mə'tʃʊə(r)/ *a.* 成熟的；深思熟虑的 *v.* (使)成熟

派 maturity

envision /ɪn'vɪʒn/ *v.* 想象；设想

vicissitudes /vɪ'sɪsɪtjuːdz/ *n.* (人生的)盛衰；变迁

dissatisfied /dɪs'sætɪsfaɪd/ *a.* 不满意的，不满足的

mighty /'maɪti/ *a.* 强大的；强有力的 *ad.* 非常，很，极其

insurance /ɪn'ʃʊərəns/ *n.* 保险；保险费；保险业

派 insure

cohesion /kəʊ'hiːʒn/ *n.* 结合，团结；凝聚力

pump /pʌmp/ *v.* 用泵抽(水)；涌出，奔流 *n.* 泵，抽水机

immediate /ɪ'miːdiət/ *a.* 直接的；紧接的；紧靠的；立即的；紧迫的

degrade /dɪ'greɪd/ *vt.* 使降级(lower)；使堕落(degenerate, demote, abase)

abortion /ə'bɔːʃn/ *n.* 流产；(计划)失败

torment /'tɔːment/ *n.* 痛苦，折磨；令人痛苦的东西 /tɔː'ment/ *vt.* 折磨，使痛苦，烦扰；纠缠；戏弄，捉弄

triumph /'traɪʌmf/ *n.* 胜利；成功 *v.* 获得胜利

fervor /'fɜːvə(r)/ *n.* 激情；热情(zest)

recline /rɪ'klaɪn/ *v.* 斜倚，靠；躺

formidable /'fɔːmɪdəbl/ *a.* 可畏惧的，可怕的(dreadful, frightening)

quota /'kwəʊtə/ *n.* 定额，限额，配额

inlet /'ɪnlet/ *n.* 入口；进(水)口，水湾

labyrinth /'læbərɪnθ/ *n.* 迷宫；错综复杂的事件

misconception /ˌmɪskən'sepʃn/ *n.* 误解，错误想法

arts /ɑːts/ *n.* 文科

homesick /'həʊmsɪk/ *a.* 想家的，思乡的

instantaneous /ˌɪnstən'teɪniəs/ *a.* 瞬间的，即刻的(ephemeral)

profit /'prɒfɪt/ *n.* 利润；收益 *v.* 有益于，得益 派 profitable

economic /ˌiːkə'nɒmɪk/ *a.* 经济的；经济学的；有利可图的 派 economical

ferry /'feri/ *n.* 摆渡；渡船；渡口 *v.* 渡运，摆渡

cling /klɪŋ/ *vi.* 黏附(adhere, stick)

brew /bruː/ *n.* 酿造的饮料；啤酒 *v.* 酿造；酝酿，策划

brass /brɑːs/ *n.* 黄铜；黄铜器；铜管乐器

condemn /kən'dem/ *vt.* 声讨，极力谴责；给…判刑 派 condemnation

beloved /bɪ'lʌvd/ *n.* 爱人 *a.* 心爱的

illicit /ɪ'lɪsɪt/ *a.* 违法的，非法的 派 illegal

disqualify /dɪs'kwɒlɪfaɪ/ *vt.* 使丧失资格

bizarre /bɪ'zɑː(r)/ *a.* 古怪的(odd, erratic, eccentric)

coincide /ˌkəʊɪn'saɪd/ *vi.* 同时发生；一致

extracurricular /ˌekstrə kə'rɪkjələ(r)/ *a.* 课外的，业余的

weight /weɪt/ *n.* 重量，重力；砝码，秤砣；重压，负担；重要性，重大 *vt.* 加重量于，使变重

sentimental /ˌsentɪ'mentl/ *a.* 伤感的，多愁善感的

streamline /'striːmlaɪn/ *a.* 流线型的 *v.* 使效率更高、作用更大；使合理化

crown /kraʊn/ *n.* 王冠；顶部 *v.* 为…加冕；褒奖

cheerful /'tʃɪəfl/ *a.* 愉快的，高兴的

image /'ɪmɪdʒ/ *n.* 印象；形象 *v.* 反映；想象

appetite /'æpɪtaɪt/ *n.* 食欲，胃口；欲望

survive /sə'vaɪv/ *v.* 活下来；幸免于；比…活得长，比…长命 派 survival; survivor

emblem /'embləm/ *n.* 象征；徽章；符号 *v.* 用象征表示

optical /'ɒptɪkl/ *a.* 眼的，视力的；光学的

catastrophe /kə'tæstrəfi/ *n.* 异常的灾祸(disaster)

puddle /'pʌdl/ *n.* 水坑；有积水的洼地；胶泥 *v.* 搅浊；在泥污中打滚

grave /greɪv/ *a.* 重大的；庄严的，庄重的(serious, significant)

assortment /ə'sɔːtmənt/ *n.* 各种各样；分类

capture /'kæptʃə(r)/ *vt.* 捕获，俘获；夺取或赢得 *n.* 捕获；战利品

dilemma /dɪ'lemə/ *n.* 进退两难的局面；困难的选择

depth /depθ/ *n.* 深度；深处；深刻

triple /'trɪpl/ *a.* 三部分的；三倍的 *v.* (使)增至三倍

prospect /'prɒspekt/ *n.* 成功的可能；前景，期望(outlook, likelihood, possibility, prospective)

inadequate /ɪn'ædɪkwət/ *a.* 不充分的；不适当的

sneeze /sniːz/ *n.* & *v.* (打)喷嚏

inure /ɪ'njʊə(r)/ *vt.* 使习惯(accustom)

synthetic /sɪn'θetɪk/ *a.* 人造的；合成的，综合的 *n.* 合成物；合成纤维(织物) 派 synthesis

population /ˌpɒpjuˈleɪʃn/ *n.* 人口；(全体)居民；群体

派 popularize; popularity

privilege /ˈprɪvəlɪdʒ/ *n.* 特权，优惠，特许 *vt.* 给予特权，特别优待

flaw /flɔː/ *n.* 缺点，瑕疵(fault, defect)

finite /ˈfaɪnaɪt/ *a.* 有限的；限定的

assessment /əˈsesmənt/ *n.* 判定，评定；核定的付款额；看法，评价

servile /ˈsɜːvaɪl/ *a.* 奴隶的；奴性的；卑屈的

angle /ˈæŋgl/ *n.* 角；角度；观点，立场 *v.* 移向；使成角度移动；从(某角度)报道

perspective /pəˈspektɪv/ *n.* 透视；远景；观点

ward /wɔːd/ *n.* 守卫，保卫；病房；(城市的)区 *vt.* 守卫，保卫；挡开，躲开，避免

prescience /ˈpresiəns/ *n.* 预知；先见

Word List 6

Unit 1

音 频

rehabilitate /ˌriːə'bɪlɪteɪt/ *vt.* 改造(罪犯等)，使恢复正常生活；使恢复原状，修复；复职；恢复…的名誉

impending /ɪm'pendɪŋ/ *a.* 即将发生的；逼近的

rebuff /rɪ'bʌf/ *v.* 挫败

refer /rɪ'fɜː(r)/ *v.* 参考，查阅，查询；提到，谈及；引用；提交，上呈 派 referee; reference

reinforce /ˌriːɪn'fɔːs/ *v.* 强化；增援；补充 派 reinforcement

catalyst /'kætəlɪst/ *n.* 催化剂；刺激因素

destructive /dɪ'strʌktɪv/ *a.* 破坏(性)的(ruin)

buckle /'bʌkl/ *n.* 皮带扣 *v.* 扣住；(加热或压力引起的)弯曲；屈服

woeful /'wəʊfl/ *a.* 悲伤的；悲惨的

abrupt /ə'brʌpt/ *a.* 突然的；粗鲁的；(态度)生硬的

legacy /'legəsi/ *n.* 遗产，遗物(bequest, heritage)

shudder /'ʃʌdə(r)/ *vi.* 战栗，发抖；(机器、车辆等)突然震动，颤动 *n.* 颤动；打颤，战栗

ancestor /'ænsestə(r)/ *n.* 祖先，祖宗

charter /'tʃɑːtə(r)/ *n.* 纲领，宣言；宪章；包租 *vt.* 包租(飞机、船等)；特许设立，给…发许可证，给予特权

perplex /pə'pleks/ *vt.* 迷惑，困惑，难住(puzzle, confuse, baffle, mystify)

abound /ə'baʊnd/ *vi.* 富于；充满

qualify /'kwɒlɪfaɪ/ *v.* (使)具有资格；(使)胜任；合格 派 qualified; qualification

vicious /'vɪʃəs/ *a.* 罪恶的，邪恶的；残酷的，残忍的；凶猛的；恶性的

slavish /'sleɪvɪʃ/ *a.* 奴隶的，有关奴隶的；奴性的，卑贱低下的；无独创性的，盲从的

enterprise /'entəpraɪz/ *n.* 企业，事业；计划；事业心，进取心

heaven /'hevn/ *n.* 天堂；天空

crumple /'krʌmpl/ *v.* 粉碎，崩溃(collapse, crash)

artistic /ɑː'tɪstɪk/ *a.* 艺术的

manipulate /mə'nɪpjuleɪt/ *vt.* 应付，处理；操纵，控制；影响

distinguish /dɪ'stɪŋgwɪʃ/ *v.* 区别，辨别；辨认出；使杰出

venture /'ventʃə(r)/ *v.* 敢于去；拿…冒险，冒…的险 *n.* 风险投资，(商业等的)风险项目

threshold /'θreʃhəʊld/ *n.* 入门，门槛；界限；开端，起点

noted /'nəʊtɪd/ *a.* 著名的，知名的(distinguished, celebrated)

appease /ə'piːz/ *v.* 平息；安抚，缓和

banner /'bænə(r)/ *n.* 旗帜；标语；横幅标语或广告

junction /'dʒʌŋkʃn/ *n.* 连接；联结点；交叉路口

discourse /'dɪskɔːs/ *n.* 论文；演讲(lecture, disquisition)

interval /'ɪntəvl/ *n.* 间隔，幕间休息；间距

cultural /'kʌltʃərəl/ *a.* 文化的，人文的

redeem /rɪ'diːm/ *vt.* 取回，赎回(rescue, save)

派 redemption

commemorate /kə'meməreɪt/ *vt.* 庆祝，纪念(celebrate)

forsake /fə'seɪk/ *vt.* 遗弃，抛弃(abandon, desert)；摒绝

extension /ɪk'stenʃn/ *n.* 伸展；延长部分；电话分机

派 extensive

abstain /əb'steɪn/ *v.* 戒绝；避开；弃权

disgust /dɪs'gʌst/ *n. & v.* 厌恶，嫌恶，反感 派 disgusting

interest /'ɪntrəst/ *n.* 兴趣；利息；利益 *vt.* 使感兴趣

decoration /ˌdekə'reɪʃn/ *n.* 装饰，装饰品 派 decorative; decoration

native /'neɪtɪv/ *n.* 土著，本地人；本国人 *a.* 本国的；本土的，当地的

proper /'prɒpə(r)/ *a.* 合适的，适当的；真正的

hence /hens/ *ad.* 因此；从此以后

offend /ə'fend/ *v.* 犯罪，冒犯，违反(transgress) 派 offense; offensive

manifold /'mænɪfəʊld/ *a.* 多样的(various, many)；多方面的

ambassador /æm'bæsədə(r)/ *n.* 大使；授权代表

vogue /vəʊg/ *n.* 时尚，时髦 *a.* 流行的，时髦的

pale /peɪl/ *a.* 苍白的；暗淡的

encase /ɪn'keɪs/ *vt.* 装入，包住

chip /tʃɪp/ *n.* 碎片；芯片；瑕疵 *v.* 削(或凿)下(屑片或碎片)

mourning /'mɔːnɪŋ/ *n.* 悲恸；服丧；哀悼

displace /dɪs'pleɪs/ *vt.* 取代；迫使(人们)离开家园；撤职，使失业

permanent /'pɜːmənənt/ *a.* 永久的(constant, continuous)

personal /'pɜːsənl/ *a.* 个人的，私人的；亲自的，本人的；身体的，人身的 派 personality

active /'æktɪv/ *a.* 活动的；活跃的

adversary /'ædvəsəri/ *n.* 敌手，对手

convey /kən'veɪ/ *v.* 表达，传达；运输(transport, deliver)；转移

bulge /bʌldʒ/ *n. & v.* 膨胀；凸出；塞满

refine /rɪ'faɪn/ *vt.* 精炼，精制；使文雅高尚 派 refinement

attack /ə'tæk/ *n. & v.* 进攻；抨击；(疾病等)突然发作

sanitary /'sænətri/ *a.* 清洁的；保健的，卫生的 *n.* (有卫生设备的)公共厕所 派 sanitation

domain /də'meɪn/ *n.* 领土，领地；(活动、学问等的)范围

scoff /skɒf/ *n. & v.* 嘲笑，嘲弄(deride, jeer)；藐视

interweave /ˌɪntə'wiːv/ *vt.* 使交织；使交错编织

offshore /ˌɒf'ʃɔː(r)/ *a. & ad.* 离岸的(地)；近海的(地)

haul /hɔːl/ *n. & v.* 用力拉，拖，硬拖

deter /dɪ'tɜː(r)/ *v.* 威慑，吓住，(使)断念

mould /məʊld/ *n.* 霉，霉菌；模型，铸模；(人的)性格，气质 *v.* 用模子制作，浇铸；使形成，把…塑造成

volume /'vɒljuːm/ *n.* 卷，册；量；体积，音量

draw /drɔː/ *v.* 吸引(attract)；拉

odour /'əʊdə(r)/ *n.* 气味；名声 派 odorous

ensue /ɪn'sjuː/ *vi.* 继而发生；接着发生

vulgar /'vʌlgə(r)/ *a.* 庸俗的，粗俗的，下流的，缺乏教养的；大众的，通俗的(coarse)

crucial /'kruːʃl/ *a.* 极重要的，有决定性的(decisive, critical)

trigger /'trɪgə(r)/ *vt.* 引发，导致 *n.* 扳机

dispensable /dɪ'spensəbl/ *a.* 可有可无的(unnecessary, unimportant)

frustrate /frʌ'streɪt/ *v.* 挫败；阻挠；感到灰心 派 frustrating; frustration

hoard /hɔːd/ *n.* 贮藏物 *vt.* 贮藏；隐藏

dialect /'daɪəlekt/ *n.* 方言，土语，地方话(vernacular, jargon)

include /ɪn'kluːd/ *v.* 包括，包含；计入 派 inclusive; inclusion

tease /tiːz/ *v.* 逗乐，奚落，戏弄；强求 *n.* 揶揄，戏弄，取笑；逗弄者，取笑者

hemisphere /'hemɪsfɪə(r)/ *n.* (地球的)半球；大脑半球

pending /ˈpendɪŋ/ *a.* 未决定的(suspending)
fiscal /ˈfɪskl/ *a.* 财政的；国库的；会计的；国库岁入的
flexitime /ˈfleksitaɪm/ *n.* 弹性工作制
illiterate /ɪˈlɪtərət/ *n.* 文盲 *a.* 不识字的，没受教育的
reciprocate /rɪˈsɪprəkeɪt/ *v.* 回报，回应；报答
派 reciprocal
mirage /ˈmɪrɑːʒ/ *n.* 海市蜃楼；幻想，妄想
infallible /ɪnˈfæləbl/ *a.* 没有错误的；确实可靠的
boast /bəʊst/ *vi.* 自夸 *vt.* 吹嘘(brag, self-praise)
coexist /ˌkəʊɪgˈzɪst/ *vi.* 共存
embargo /ɪmˈbɑːgəʊ/ *n.* 禁止出入港口，禁运
sarcastic /sɑːˈkæstɪk/ *a.* 讽刺的，挖苦的
astonish /əˈstɒnɪʃ/ *vt.* 使惊讶，使吃惊 派 astound
fury /ˈfjʊəri/ *n.* 狂热；激烈；狂怒
persevere /ˌpɜːsɪˈvɪə(r)/ *vi.* 坚持，不屈不挠
valid /ˈvælɪd/ *a.* 有效的，具有法律效力的；正当的；有根据的，有理的
crowd /kraʊd/ *n.* 人群，大群 *v.* 拥挤，挤满

Unit 2

iron /ˈaɪən/ *n.* 铁；熨斗 *v.* 熨，烫 *a.* 坚强的；严格的
interdependent /ˌɪntədɪˈpendənt/ *a.* 互相依赖的，互助的
linger /ˈlɪŋgə(r)/ *v.* 逗留；继续留存；闲荡；拖延
gregarious /grɪˈgeəriəs/ *a.* 群居的；合群的；爱交际的
convert /kənˈvɜːt/ *v.* (使)改变信仰，皈依；(使)转换(change, transform)，(使)转化；改装
landlord /ˈlændlɔːd/ *n.* 业主；地主；房东；店主，老板
client /ˈklaɪənt/ *n.* 委托人；顾客，客户

distribute /dɪ'strɪbjuːt/ *vt.* 分发，分配，分送；散布，分布；分类，分区

sprinkle /'sprɪŋkl/ *v.* 洒，撒；喷湿

propriety /prə'praɪəti/ *n.* 正当；适当；得体 派 proprietor

motive /'məʊtɪv/ *n.* 动机，目的

integrate /'ɪntɪgreɪt/ *vt.* 使结合，使并入(combine, join)

category /'kætəgəri/ *n.* 种类；类别；范畴

essence /'esns/ *n.* 基本；本质；精华 派 essential

oust /aʊst/ *vt.* 驱逐(dismiss, throw out)

vengeance /'vendʒəns/ *n.* 报复，复仇

dismantle /dɪs'mæntl/ *vt.* 去掉…的覆盖物；拆除…的设备；拆开；废除

withdraw /wɪð'drɔː/ *v.* 收回；撤退；缩回，退出；提取(钱) 派 withdrawal; withdrawn

fundamental /ˌfʌndə'mentl/ *a.* 基础的，基本的(primary, elementary)

necessitate /nə'sesɪteɪt/ *vt.* 需要；使成为必需 派 necessity; necessarily

legal /'liːgl/ *a.* 法律的，法定的，合法的

alien /'eɪliən/ *n.* 外侨 *a.* 外国的；相异的；异国的

abdicate /'æbdɪkeɪt/ *v.* 放弃权力(abandon)，退位

omnipotent /ɒm'nɪpətənt/ *n.* 全能者 *a.* 全能的，无所不能的

ignorant /'ɪgnərənt/ *a.* 无知的；愚昧的 派 ignorance

publish /'pʌblɪʃ/ *v.* 出版；公布；发表 派 publicity; publication

ignore /ɪg'nɔː(r)/ *vt.* 不顾，不理，忽视

pendant /'pendənt/ *n.* 垂饰，下垂物；天花板或屋顶的悬饰

conciliate /kən'sɪlieɪt/ *v.* 安慰，安抚；赢得；调和，调解，调停 派 conciliatory

hardy /ˈhɑːdi/ *a.* 勇敢的；果断的；吃苦的

probe /prəʊb/ *v.* 探索，查究；(用探针或探测器等)探查，探测 *n.* 探针；探测器，探测飞船；探索，调查(investigate, survey)

chapel /ˈtʃæpl/ *n.* 小教堂；殡仪馆

outdated /ˌaʊtˈdeɪtɪd/ *a.* 过时的，不流行的

rebound /rɪˈbaʊnd/ *n. & v.* 回弹，反弹

irony /ˈaɪrəni/ *n.* 反语，讽刺；具有讽刺意义的事 *a.* 铁的；含铁的

handout /ˈhændaʊt/ *n.* 传单，分发的印刷品；救济品

unaccountable /ˌʌnəˈkaʊntəbl/ *a.* 无法解释的；不能理解的；不负责任的

explicit /ɪkˈsplɪsɪt/ *a.* 明确的，清楚的(straightforward)

incipient /ɪnˈsɪpiənt/ *a.* 起初的，初期的

dump /dʌmp/ *vt.* 倾卸，倾倒 *n.* 垃圾场

tremble /ˈtrembl/ *n. & v.* 发抖；震颤；焦虑

berate /bɪˈreɪt/ *vt.* 痛骂(scold, reproach)

separate /ˈseprət/ *v.* 使分离，使分开；划分，区分；分离，分开；分居

fluent /ˈfluːənt/ *a.* 流利的，流畅的 派 fluency

foment /fəʊˈment/ *vt.* 引发(incite, stir up)

spherical /ˈsferɪkl/ *a.* 球的；球面的；球状的

blend /blend/ *v.* (使)混合，(使)混杂 *n.* 混合物；混合，交融

inurbane /ɪnˈɜːbeɪn/ *a* 粗野的，粗鄙的，无理的

begrimed /bɪˈgraɪmd/ *a.* 污秽的

border /ˈbɔːdə(r)/ *n.* 边缘；边界 *v.* 与…接壤；接近，毗邻

weakness /ˈwiːknəs/ *n.* 虚弱；缺点；偏好，嗜好

aboriginal /ˌæbəˈrɪdʒənl/ *n.* 土著居民 *a.* 土著的(native)；原来的

motivate /ˈməʊtɪveɪt/ *vt.* 使有动机；激励，激发 派 motivation

confirm /kən'fɜːm/ *vt.* 进一步证实；确定(assure)；支持

fossil /'fɒsl/ *n.* 化石 *a.* 化石的；陈腐的；守旧的

virtual /'vɜːtʃuəl/ *a.* 事实上生效的；实际上起作用的；实质上的；虚拟的

eyewitness /'aɪwɪtnəs/ *n.* 目击者，见证人

minor /'maɪnə(r)/ *n.* 副修科目 派 minority

jeopardy /'dʒepədi/ *n.* 危险(danger, risk) 派 jeopardise

miscellaneous /ˌmɪsə'leɪniəs/ *a.* 混杂的；多才多艺的

circle /'sɜːkl/ *n.* 圆；圈，环状物；圈子，阶层；周期，循环 *v.* 圈出；盘旋，环绕…移动 派 circulation

nuclear /'njuːkliə(r)/ *a.* 原子核的，原子能的

accuse /ə'kjuːz/ *v.* 控告，指控；指责

meditative /'medɪtətɪv/ *a.* 深思的(thoughtful)

plausible /'plɔːzəbl/ *a.* 似乎行得通的；貌似合理的；似是而非的

dissimilar /dɪ'sɪmɪlə(r)/ *a.* 不相似的，不同的(different)

gut /gʌt/ *n.* ［常*pl.*］内脏；胆量，勇气

feast /fiːst/ *n.* 节日；盛宴 *v.* 宴请

delicate /'delɪkət/ *a.* 精巧的(dainty, elegant)

tremendous /trə'mendəs/ *a.* 巨大的，惊人的(huge, great)

uniform /'juːnɪfɔːm/ *n.* 制服 *v.* 统一；穿制服 *a.* 统一的；相同的 派 uniformity

frugal /'fruːgl/ *a.* 节约的(thrifty, economical)，省钱的 派 frugality

tertiary /'tɜːʃəri/ *a.* 高等的；第三的，第三级的

transcend /træn'send/ *v.* 超越；胜过

correspond /ˌkɒrə'spɒnd/ *v.* 通信；符合；一致；与之相应

formula /'fɔːmjələ/ *n.* 公式；配方；客套语

dispatch /dɪ'spætʃ/ *n.* 急件；派遣 *v.* 分派(allocate, allot)，派遣

fret /fret/ *n. & v.* 烦躁；磨损；焦急

massive /'mæsɪv/ *a.* 大而重的，厚实的，粗大的；大量的，大规模的

deficient /dɪ'fɪʃnt/ *a.* 缺乏的，不足的，不完善的

botany /'bɒtəni/ *n.* 植物学；植物生态；一个地区的植物 派 botanist; botanical

prohibition /ˌprəʊɪ'bɪʃn/ *n.* 禁止，阻止；禁酒令

conquest /'kɒŋkwest/ *n.* 征服；战利品 派 conqueror

proximity /prɒk'sɪməti/ *n.* 接近，邻近；亲近

fabulous /'fæbjələs/ *a.* 难以置信的(unbelievable)；惊人的(marvelous)

fickle /'fɪkl/ *a.* 多变的(changeable, capricious)，易变的，无常的

wrangle /'ræŋgl/ *vi.* 争论，争执(argue, bicker)

wrestle /'resl/ *v.* 摔跤；全力对付；用力移动

dexterous /'dekstrəs/ *a.* (身手)灵巧的，敏捷的；机敏的，聪明的

appreciate /ə'priːʃieɪt/ *v.* 赏识，鉴赏；感激；涨价，增值

insurgence /ɪn'sɜːdʒəns/ *n.* 起义，叛乱(rebellion)

accelerate /ək'seləreɪt/ *v.* 加速；促进

sterilize /'sterəlaɪz/ *v.* 消毒，杀菌；贫瘠；不育

graduate /'grædʒuət/ *n.* (尤指大学)毕业生；研究生 *v.* (使)毕业；获得学位

disrespectful /ˌdɪsrɪ'spektfl/ *a.* 失礼的，无礼的

discredit /dɪs'kredɪt/ *vt.* 使怀疑；使丧失信誉，使丢脸

overlap /ˌəʊvə'læp/ *v.* (使)部分重叠，交叠

pesticide /'pestɪsaɪd/ *n.* 杀虫剂；农药

disadvantage /ˌdɪsəd'vaːntɪdʒ/ *n.* 不利；劣势；缺点

mandatory /ˈmændətəri/ *a.* 命令的，强迫的(compulsory, obligatory)

Unit 3

immaculate /ɪˈmækjələt/ *a.* 纯洁的，无瑕的

adversity /ədˈvɜːsəti/ *n.* 不幸，灾祸(disaster)；逆境(misfortune)

dispiriting /dɪˈspɪrɪtɪŋ/ *a.* 令人沮丧的，使人气馁的

dodge /dɒdʒ/ *vt.* 躲开，逃避(avoid, evade)

embarrass /ɪmˈbærəs/ *v.* 使尴尬；妨碍

apparel /əˈpærəl/ *n.* 衣服；外表

boredom /ˈbɔːdəm/ *n.* 烦恼(vexation, annoyance)；无聊

resume /rɪˈzjuːm/ *vt.* 重新取得；重新开始

purge /pɜːdʒ/ *n.* 清洗；清理；泻药 *v.* 净化；清除；清洗(cleanse, refine)

management /ˈmænɪdʒmənt/ *n.* 管理(部门、人员)；处理

detriment /ˈdetrɪmənt/ *n.* 损害

glacial /ˈgleɪʃl/ *a.* 冰期的；冰川的；寒冷的，冰冷的；冷若冰霜的

ruffian /ˈrʌfiən/ *a.* 凶恶的，残暴的，无法无天的(brutal)

flood /flʌd/ *n.* 洪水 *v.* 淹没；充满

plateau /ˈplætəʊ/ *n.* 高原；平稳状态；停滞期 *v.* 进入停滞期；达到平稳状态

tribute /ˈtrɪbjuːt/ *n.* 贡品；颂词，称赞(compliment, praise)；(表示敬意的)礼物

congress /ˈkɒŋgres/ *n.* (代表)大会；(美国等国的)国会，议会 派 congressman

overestimate /ˌəʊvərˈestɪmeɪt/ *vt.* 对…估计过高 *n.* 过高的估计

paraphrase /'pærəfreɪz/ *vt.* 意译；改写(rewrite)

lounge /laʊndʒ/ *vi.* 懒洋洋地站(或坐、躺) *n.* 等候室；休息室

aspect /'æspekt/ *n.* 方面(facet)；(建筑物的)朝向，方向；外貌，外观样子

fester /'festə(r)/ *vt.* 使化脓(decay)

ostrich /'ɒstrɪtʃ/ *n.* 鸵鸟；鸵鸟般的人，回避现实的人

varied /'veərid/ *a.* 变化的；各种各样的；多样的

派 variability; variance; variant; variation; variety; various

bond /bɒnd/ *n.* 协定；债券；束缚；联系 *v.* 联结；增强(与某人的)信任关系

hallowed /'hæləʊd/ *a.* 神圣化的，神圣的

orientation /ˌɔːriən'teɪʃn/ *n.* 方位；定位；新生入学指导；倾向性

asylum /ə'saɪləm/ *n.* 庇护；收容所；救济院

albeit /ˌɔːl'biːɪt/ *conj.* 虽然，尽管

vestige /'vestɪdʒ/ *n.* 痕迹，遗迹(remnant, trace)

current /'kʌrənt/ *a.* 流通的；流动的；现行的，当前的 *n.* (水、气等的)流动；电流；潮流

branch /brɑːntʃ/ *n.* 分枝；分科；部门

valuable /'væljuəbl/ *a.* 有价值的；贵重的，宝贵的 *n.* [常*pl.*] 贵重物品

abnormal /æb'nɔːml/ *a.* 异常的(exceptional)

ascribe /ə'skraɪb/ *v.* 归因于；把…归属于

impudent /'ɪmpjədənt/ *a.* 鲁莽的；厚颜的(disrespectful, immodest)

except /ɪk'sept/ *vt.* 将…除外 *prep.* 除…外

weird /wɪəd/ *a.* 古怪的(eerie)；离奇的

eclipse /ɪ'klɪps/ *n.* 日食；月食

jury /'dʒʊəri/ *n.* 陪审团；评判委员会；陪审员

genesis /'dʒenəsɪs/ *n.* 起源；发生

forestry /ˈfɒrɪstri/ *n.* 林学，林业

perish /ˈperɪʃ/ *v.* 死亡；腐烂；枯萎

blast /blɑːst/ *v.* 爆破，炸毁 *n.* 一阵(大风)；冲击

damage /ˈdæmɪdʒ/ *n.* 损害；［常*pl.*］损害赔偿(金) *vt.* 损害

appraisal /əˈpreɪzl/ *n.* 评价；估价；鉴定

discard /dɪsˈkɑːd/ *vt.* 丢弃(reject)，抛弃

gigantic /dʒaɪˈgæntɪk/ *a.* 巨人般的，巨大的(tremendous, colossal)

trespass /ˈtrespəs/ *vi.* 侵犯(某人的财产)；擅闯(某人的领地)；利用(某物)；冒犯，触犯

bandage /ˈbændɪdʒ/ *n.* 绷带 *v.* 用绷带包扎

cause /kɔːz/ *vt.* 导致 *n.* 原因(reason)

utmost /ˈʌtməʊst/ *n.* 极限；最大限度 *a.* 极度的；最大限度的

fallible /ˈfæləbl/ *a.* 易错的

automobile /ˈɔːtəməbiːl/ *n.* 汽车，机动车

revoke /rɪˈvəʊk/ *vt.* 取消(cancel)；撤回(repeal)

denote /dɪˈnəʊt/ *v.* 指示；象征；表示(indicate, show, signify, mean)

spur /spɜː(r)/ *n.* 刺激(物)；激励；靴刺，马刺 *vt.* 刺激，激励，鞭策；(用马刺)策马加速

imperil /ɪmˈperəl/ *vt.* 使陷于危险，危及(endanger)

former /ˈfɔːmə(r)/ *a.* 原来的，以前的

federation /ˌfedəˈreɪʃn/ *n.* 同盟，联邦；联合；联盟

estrange /ɪˈstreɪndʒ/ *vt.* 使疏远，使分离

censure /ˈsenʃə(r)/ *n.* & *vt.* 责难(disapproval)，指责，谴责

mishap /ˈmɪshæp/ *n.* 灾祸，不幸(mischance, accident)

immerse /ɪˈmɜːs/ *v.* 沉浸；陷入；专心

rebellion /rɪˈbeljən/ *n.* 造反，叛乱

enforce /ɪnˈfɔːs/ *vt.* 实施，执行；强制，迫使

派 enforcement

compromise /'kɒmprəmaɪz/ *n.* 妥协，折中办法 *v.* 妥协，放弃(原则、理想等)；危及

eccentric /ɪk'sentrɪk/ *n.* 行为古怪的人 *a.* 古怪的；特立独行的(abnormal, peculiar)

ensure /ɪn'ʃʊə(r)/ *vt.* 确保，保证；担保；赋予

undertake /ˌʌndə'teɪk/ *v.* 承担(某事物)，负起(某事物的)责任；同意或答应做某事

tempting /'temptɪŋ/ *a.* 吸引人的，有诱惑力的；动人的

brutal /'bruːtl/ *a.* 残忍的，兽性的(savage)

imply /ɪm'plaɪ/ *v.* 暗示，意味

irresistible /ˌɪrɪ'zɪstəbl/ *a.* 无法抵抗的，不能压制的；不能自已的

intent /ɪn'tent/ *n.* 意图，意向，目的 *a.* 专心的，专注的；急切的

deceive /dɪ'siːv/ *v.* 欺骗，蒙骗 派 deceit; deceitful

revegetate /rɪ'vedʒəteɪt/ *v.* 再生长，再种植

gamble /'gæmbl/ *v.* 赌博，打赌；投机；冒险

exemplary /ɪg'zempləri/ *a.* 模范的，典范的

sluggish /'slʌgɪʃ/ *a.* 迟缓的，缓慢的；不景气的

absorb /əb'zɔːb/ *vt.* 吸收；吸引(attract, allure)

clumsy /'klʌmzi/ *a.* 笨拙的，愚笨的(awkward)

unveil /ˌʌn'veɪl/ *v.* 揭去面纱或覆盖物；揭幕；首次公开、揭露或展示(某事物)

maim /meɪm/ *vt.* 使残废(disable, mutilate)；损伤

equilibrium /ˌiːkwɪ'lɪbriəm/ *n.* 平衡，均衡；平静

vomit /'vɒmɪt/ *n.* 呕吐，呕吐物；催吐剂 *v.* 呕吐，恶心；喷出

numerous /'njuːmərəs/ *a.* 众多的

norm /nɔːm/ *n.* 规范，标准；常态

analyse /'ænəlaɪz/ *vt.* 分析；分解

harbour /'hɑːbə(r)/ *n.* 港口；避难所 *v.* 隐匿；包庇

contend /kən'tend/ *v.* 争斗(compete, rival)；竞争；主张

hypocrite /'hɪpəkrɪt/ *n.* 伪君子，伪善者

booming /buːmɪŋ/ *a.* 发展迅速的；激增的

leading /'liːdɪŋ/ *a.* 最主要的(principal, chief)

antiseptic /ˌænti'septɪk/ *n.* 杀菌剂；防腐剂 *a.* 防腐的；杀菌的；消过毒的

hesitate /'hezɪteɪt/ *vi.* 犹豫，踌躇

elusive /i'luːsɪv/ *a.* 难懂的(elusory, intangible)；逃避的；难以捉摸的；难以实现的

recommend /ˌrekə'mend/ *v.* 推荐，介绍；劝告
派 recommendation

betray /bɪ'treɪ/ *vt.* 出卖，泄露(秘密等)；辜负；流露情感(expose)

audience /'ɔːdiəns/ *n.* 观众；读者；受众

Unit 4

hallucination /həˌluːsɪ'neɪʃn/ *n.* 幻觉，幻想

dreadful /'dredfl/ *a.* 可怕的；讨厌的

obnoxious /əb'nɒkʃəs/ *a.* 使人非常不快的；可憎的；有害的

journalist /'dʒɜːnəlɪst/ *n.* 新闻记者，从事新闻杂志业的人

premier /'premiə(r)/ *n.* 总理；首相 *a.* 首要的，第一位的；最著名的

erase /ɪ'reɪz/ *vt.* 消除(eliminate)

varnish /'vɑːnɪʃ/ *n.* 清漆；掩饰 *v.* 给…上清漆；修饰

margin /'mɑːdʒɪn/ *n.* (页边)空白；边缘；利润；(时间、金钱方面的)余地 派 marginal

byword /'baɪwɜːd/ *n.* 格言，谚语

beyond /bɪ'jɒnd/ *prep.* 在…较远的一边；超出，除…之外

snatch /snætʃ/ *n. & v.* 攫取，抢走

spotlight /'spɒtlaɪt/ *n.* (舞台等的)聚光灯；公众注意中心 *vt.* 聚光照明；使公众注意；使突出题目

ethnic /'eθnɪk/ *a.* 种族的(racial, national) 派 ethical

patronage /'pætrənɪdʒ/ *n.* 赞助；支持；光顾；任免权

alleviate /ə'liːvieɪt/ *vt.* 减轻，缓和(痛苦等)

extreme /ɪk'striːm/ *a.* 极度的；最后的 *n.* 极端，过分 派 extremely

omit /ə'mɪt/ *vt.* 省略，省去；遗漏(exclude, leave out)

abbey /'æbi/ *n.* 修道院；大教堂

dominate /'dɒmɪneɪt/ *vt.* 统治，支配，控制(control)

aid /eɪd/ *n. & v.* 帮助，援助

phonetic /fə'netɪk/ *a.* 语音的，语音学的，表示语音的

trammel /'træml/ *n.* 束缚；障碍物 *vt.* 束缚；阻碍，妨碍(hamper, impede)

climax /'klaɪmæks/ *v.* (使)达到高潮 *n.* 高峰，顶点(peak, culmination)

fulminate /'fʊlmɪneɪt/ *vt.* 猛烈爆发(explode)

extradition /ˌekstrə'dɪʃn/ *n.* 引渡

key /kiː/ *a.* 主要的，关键的 (dorminant, primary)

incapacitate /ˌɪnkə'pæsɪteɪt/ *vt.* 使无能力；使伤残；使不适合；使无资格

certify /'sɜːtɪfaɪ/ *vt.* 证明，保证 派 certificate

avenue /'ævənjuː/ *n.* 林荫道；大街，路

premature /'premətʃə(r)/ *a.* 未成熟的；太早的；早熟的

frequency /'friːkwənsi/ *n.* 频率，周率，发生次数

surpass /sə'pɑːs/ *v.* 超过，超越，优于，胜过；超过…的界限，非…所能办到(或理解)

convince /kən'vɪns/ *vt.* (使)确信；说服

vague /veɪg/ *a.* 含糊的，不清楚的；暧昧的

revive /rɪ'vaɪv/ *v.* 苏醒；复苏，复活；振兴(restore, revitalize)

bailout /'beɪlaʊt/ *n.* 紧急(财政)援助，紧急资助

appropriate /ə'prəʊpriət/ *v.* 拨给；挪用 *a.* 合适的；适当的

address /ə'dres/ *vt.* 致函，写姓名地址；向…讲话，演说；处理，对付 *n.* 地址；致词

tenable /'tenəbl/ *a.* 站得住脚的；无懈可击的

extant /ek'stænt/ *a.* 现存的(existing)

posh /pɒʃ/ *a.* 时髦的，漂亮的；上流社会的

painful /'peɪnfl/ *a.* 痛苦的；疼痛的；费力的

conjecture /kən'dʒektʃə(r)/ *n.* & *v.* 推测，臆断，猜想(guess, suppose)

repent /rɪ'pent/ *v.* 懊悔，后悔；忏悔

impenetrable /ɪm'penɪtrəbl/ *a.* 难以理解的，费解的

witness /'wɪtnəs/ *n.* 证据；目击者 *v.* 目击；为…作证

tackle /'tækl/ *v.* 对付，处理；向某人提起(问题或困难情况)；(足球等比赛中的)抢截，抢球 *n.* 用具，器具；滑轮(组)，滑车；(足球等比赛中的)抢截

campaign /kæm'peɪn/ *n.* 运动；战役；活动 *v.* 参加竞选；从事运动

bawl /bɔːl/ *v.* 大喊，大叫(howl, shout)

yearning /'jɜːnɪŋ/ *n.* 渴望，热望；向往

glamor /'glæmə(r)/ *n.* 魅力；诱惑力 派 glamorous

content /'kɒntent/ *n.* 内容(matter) *vt.* 使满意 *a.* 满意的

dash /dæʃ/ *v.* 飞奔，猛冲；猛掷；使破灭，使沮丧 *n.* 飞奔，猛冲；破折号；精力，干劲

lasting /'lɑːstɪŋ/ *a.* 持久的(enduring, long-term, continuing)；永久的

sluttish /'slʌtɪʃ/ *a.* 懒惰的，邋遢的；放荡的

fieldwork /ˈfiːldwɜːk/ *n.* 实地调查，野外考察

fascinate /ˈfæsɪneɪt/ *vt.* 使迷惑(enchant, enthrall, intrigue) 派 fascinating

latitude /ˈlætɪtjuːd/ *n.* 纬度；［常*pl.*］纬度地区；(言行等的)自由

saturate /ˈsætʃəreɪt/ *vt.* 使湿透，浸透；使充满，使饱和

awkward /ˈɔːkwəd/ *a.* 笨拙的(clumsy, inept)

prone /prəʊn/ *a.* 倾向于，易于

impose /ɪmˈpəʊz/ *v.* 把…强加于；征(税等)；处以(罚款、监禁等)

paraphasia /ˌpærəˈfeɪzɪə/ *n.* 语言错乱，错语症

exorbitant /ɪgˈzɔːbɪtənt/ *a.* 过分的，过度的(excessive, unreasonable)

encompass /ɪnˈkʌmpəs/ *vt.* 包含；包围；环绕

blackmail /ˈblækmeɪl/ *vt.* & *n.* 勒索

ultimate /ˈʌltɪmət/ *a.* 最后的，最终的；根本的 *n.* 最好(或先进、伟大等)的事物，极品，精华

condiment /ˈkɒndɪmənt/ *n.* 调味品

snag /snæg/ *n.* 障碍(disadvantage, obstacle)

postpone /pəˈspəʊn/ *v.* 推迟，延迟；延期

enjoyable /ɪnˈdʒɔɪəbl/ *a.* 令人愉快的，使人快乐的

miracle /ˈmɪrəkl/ *n.* 奇迹；令人惊奇的人(或事)

longevity /lɒnˈdʒevəti/ *n.* 长寿；寿命

tantalize /ˈtæntəlaɪz/ *vt.* 逗惹，使…着急(provoke, tease)

jaw /dʒɔː/ *n.* 颚，颌 *v.* 喋喋不休；教训

pollute /pəˈluːt/ *vt.* 污染(contaminate, defile) 派 pollution

twinkle /ˈtwɪŋkl/ *v.* 闪烁，闪耀，(使)闪光(blink, glimmer)

outstrip /ˌautˈstrɪp/ *vt.* 超过，胜过；跑过

platform /ˈplætfɔːm/ *n.* 平台，站台；纲领

jog /dʒɒg/ *n. & v.* 慢跑；轻推

differ /ˈdɪfə(r)/ *vi.* 不同，相异；(在意见方面)发生分歧 派 differentiate

infiltrate /ˈɪnfɪltreɪt/ *v.* (使)悄悄进入，潜入；渗入，渗透

noticeable /ˈnəʊtɪsəbl/ *a.* 显而易见的；明显的

visible /ˈvɪzəbl/ *a.* 可见的，看得见的；有形的；明显的，显而易见的

alter /ˈɔːltə(r)/ *vt.* 改变；变动 派 alternative

outbreak /ˈaʊtbreɪk/ *n.* 爆发；暴动

irrelevant /ɪˈreləvənt/ *a.* 离题的，无关的(impertinent, extraneous)

soluble /ˈsɒljəbl/ *a.* 可溶的；可解决的 派 solubility; solution

olfaction /ɒlˈfækʃn/ *n.* 嗅；嗅觉

augment /ɔːgˈment/ *vt.* 增大，增加(enlarge, increase)

trauma /ˈtrɔːmə/ *n.* 外伤；创伤；痛苦的经历

adhere /ədˈhɪə(r)/ *v.* 黏附；胶着；坚持；遵守 派 adherent

invincible /ɪnˈvɪnsəbl/ *a.* 无敌的，不能征服的

submission /səbˈmɪʃn/ *n.* 屈服；服从

avaricious /ˌævəˈrɪʃəs/ *a.* 贪婪的，贪心的(greedy)

fallacy /ˈfæləsi/ *n.* 谬误，谬论

blossom /ˈblɒsəm/ *vi.* 开花；兴旺，发展

apportion /əˈpɔːʃn/ *vt.* 分派，(按比例或计划)分配

prime /praɪm/ *n.* 青春；壮年；全盛时期 *a.* 最初的；基本的；主要的；最好的 派 primitive

Unit 5

ballot /'bælət/ *n.* 投票(vote, poll)；票数

wrath /rɒθ/ *n.* 愤怒(anger, rage)

embark /ɪm'bɑːk/ *v.* 乘船；上飞机；从事；开始(board)

indigestible /ˌɪndɪ'dʒestəbl/ *a.* 不能消化的
　派 indigestion

heal /hiːl/ *v.* 治愈，康复；调停

install /ɪn'stɔːl/ *vt.* 安顿，安置；安装，设置；正式任命，使正式就职 派 installment

immobile /ɪ'məʊbaɪl/ *a.* 固定的(fixed, stationary)

mulish /'mjuːlɪʃ/ *a.* 顽固的(obstinate, tenacious)

design /dɪ'zaɪn/ *n.* 设计，构想；图样，图案；企图，图谋 *v.* 设计；谋划，构思 派 designate

brilliant /'brɪliənt/ *a.* 光辉的，灿烂的；卓越的，有才华的

bliss /blɪs/ *n.* 福佑，天赐的福(elation)

audition /ɔː'dɪʃn/ *n.* 听觉，听力；试听；试镜 *v.* 试音；试听；试镜

cardinal /'kɑːdɪnl/ *a.* 首要的， 基本的(essential)

influx /'ɪnflʌks/ *n.* 汇集；流入；涌入

harness /'hɑːnɪs/ *n.* 马具；安全带 *v.* 上挽具；治理；利用

supersede /ˌsuːpə'siːd/ *v.* 代替，取代；废弃

neglect /nɪ'glekt/ *vt.* 疏忽(ignore, overlook)；忘记

counterpart /'kaʊntəpɑːt/ *n.* 相对物(correspondent)；极相似之物(equivalent)

contrive /kən'traɪv/ *vt.* 设计；发明(invent)

haughty /'hɔːti/ *a.* 傲慢的(arrogant)；轻蔑的(disdainful)

blade /bleɪd/ *n.* 刀刃，刀片

irrevocable /ɪ'revəkəbl/ *a.* 无法取消的，不能改变的

reptile /'reptaɪl/ *n.* 爬虫动物；卑鄙的人 *a.* 爬虫类的；卑鄙的

inventory /'ɪnvəntri/ *n.* 库存；存货清单；详细目录

holler /'hɒlə(r)/ *v.* 呼叫，叫喊(yell)

defeat /dɪ'fiːt/ *n. & vt.* 打败，战胜(overcome, conquer)

abiding /ə'baɪdɪŋ/ *a.* 永久的，永恒的 (enduring, lasting)

payment /'peɪmənt/ *n.* 付款，支付；报酬；偿还

central /'sentrəl/ *a.* 中央的；中心的

fare /feə(r)/ *n.* 车费，路费；票价

quiver /'kwɪvə(r)/ *n. & v.* 震动；颤抖(quake, shake)

upbringing /'ʌpbrɪŋɪŋ/ *n.* 养育；教养；培养

mute /mjuːt/ *n.* 哑巴；弱音器 *v.* 减弱…的声音；减弱 *a.* 哑的；无声的；沉默的

miserable /'mɪzrəbl/ *a.* 痛苦的；可怜的

presume /prɪ'zjuːm/ *vt.* 假定，假设(suppose, imagine, assume) 派 presumption; presumptuous

magnify /'mægnɪfaɪ/ *v.* 放大，扩大；赞美

rewarding /rɪ'wɔːdɪŋ/ *a.* 有报酬的；有益的；值得的

encore /'ɒŋkɔː(r)/ *n. & v.* (要求)加演

couple /'kʌpl/ *n.* (一)对，(一)双；夫妇 *v.* 连接，联合，结合；结婚

diversion /daɪ'vɜːʃn/ *n.* 转向，转移，转换；转移视线的事物；娱乐 派 divert

contagious /kən'teɪdʒəs/ *a.* 传染的(catching, infectious)

amass /ə'mæs/ *vt.* 积蓄；积聚(accumulate, compile)

fusion /'fjuːʒn/ *n.* 熔化，熔合；聚变(merge; meld; smelt)

ravish /'rævɪʃ/ *vt.* 使陶醉，使狂喜；抢走

devote /dɪ'vəʊt/ *v.* 致力于，献身于

obey /ə'beɪ/ *v.* 服从，遵守，听从

bent /bent/ *a.* 被弄弯的，弯曲的 *n.* 爱好,天赋,倾向(propensity, trend)

inconvenience /ˌɪnkən'viːniəns/ *n.* 麻烦，不方便，打扰；麻烦事

leather /'leðə(r)/ *n.* 皮革，皮革制品

forgo /fɔː'gəʊ/ *vt.* 放弃，抛弃；作罢

edible /'edəbl/ *a.* 可食的(eatable, comestible)

landscape /'lændskeɪp/ *n.* 风景；山水画；前景

cue /kjuː/ *n.* 暗示，提示

forecast /'fɔːkɑːst/ *n. & v.* 预见，预测；预想

rebuke /rɪ'bjuːk/ *n. & v.* 指责，谴责；非难

gist /dʒɪst/ *n.* 要点；要旨

perceptive /pə'septɪv/ *a.* 感觉敏锐的，观察入微的(discerning, penetrating) 派 perception; perceptible; perceive

queer /kwɪə(r)/ *a.* 奇怪的；特殊的

xenophobic /ˌzenə'fəʊbɪk/ *a.* 恐惧(或憎恨)外国人的，恐外的

oversee /ˌəʊvə'siː/ *vt.* 监督，监视(某人或某物)；俯瞰，眺望

impale /ɪm'peɪl/ *vt.* 刺穿，钉住(pierce, penetrate)(injure, undermine)

inorganic /ˌɪnɔː'gænɪk/ *a.* 无生物的，无机的

grin /grɪn/ *v. & n.* 咧嘴笑

connect /kə'nekt/ *v.* 连接，衔接；联合，关联；由…联想到；给…接通电话

perfect /'pɜːfɪkt/ *a.* 无瑕的；完好无损的(intact, untouched)

obscene /əb'siːn/ *a.* 淫秽的，猥亵的，下流的；可憎的，可恶的；(数量)大得惊人的，骇人听闻的

female /'fiːmeɪl/ *a.* 女(性)的；雌的 *n.* 女子

disastrous /dɪ'zɑːstrəs/ *a.* 灾难性的，悲惨的(catastrophic)

hamper /'hæmpə(r)/ *vt.* 妨碍，阻挠 *n.* 有盖的大篮子；盒装食物

department /dɪ'pɑːtmənt/ *n.* 部门；系

purchase /'pɜːtʃəs/ *vt.* 买，购买 *n.* 购买的物品

proficient /prə'fɪʃnt/ *n.* 能手 *a.* 熟练的；精通的
派 proficiency

metal /'metl/ *n.* 金属

sleight /slaɪt/ *n.* 技巧，手法；诡计；熟练

embassy /'embəsi/ *n.* 大使馆；大使馆全体官员

poignant /'pɔɪnjənt/ *a.* 令人伤心的；心酸的；强烈的

effectual /ɪ'fektʃuəl/ *a.* 奏效的，有效的
派 ineffective; effectiveness; effectively

asthma /'æsmə/ *n.* 哮喘症

imminent /'ɪmɪnənt/ *a.* 即将来临的(impending, approaching)

filter /'fɪltə(r)/ *n.* 过滤器 *v.* 过滤；(消息等)走漏

blizzard /'blɪzəd/ *n.* 大风雪

entrepreneur /ˌɒntrəprə'nɜː(r)/ *n.* 企业家；主办人
派 entrepreneurial

overrule /ˌəʊvə'ruːl/ *vt.* 批驳；否决；宣布无效

hail /heɪl/ *n.* 冰雹 *v.* 下冰雹；欢呼

determine /dɪ'tɜːmɪn/ *v.* 确定；决定；(使)下决心

crystal /'krɪstl/ *n.* 水晶；水晶饰品 *a.* 水晶的；透明的；清楚的 派 crystallize

assimilate /ə'sɪməleɪt/ *v.* 吸收；消化；同化

invasive /ɪn'veɪsɪv/ *a.* 侵略的，入侵的；(疾病等)侵袭的，扩散的；切入的，开刀的 派 invasion

repossess /ˌriːpə'zes/ *vt.* 收回；复得

equivocal /ɪ'kwɪvəkl/ *a.* 模棱两可的，意义不清的(ambiguous) 派 equivalent

sedentary /'sedntri/ *a.* (工作、活动等)需要久坐的；(人)惯于久坐不动的；(人或动物)定居的，不迁徙的；沉积的

beforehand /bɪ'fɔːhænd/ *ad.* 事先地(in advance)

obvious /'ɒbviəs/ *a.* 明显的(distinct, evident)

divide /dɪ'vaɪd/ *v.* 分开，分隔；分配，分享；除(以) *n.* 分歧，差异；分界线，分水岭

vindicate /'vɪndɪkeɪt/ *v.* 为…辩白；证明…正确；维护
派 vindictive

infinitesimal /ˌɪnfɪnɪ'tesɪml/ *a.* 极小的，无限小的 *n.* 极小量，极微量

pleasure /'pleʒə(r)/ *n. & v.* (感到)愉快、高兴、乐趣
派 pleasing; pleasant

abridge /ə'brɪdʒ/ *vt.* 缩短，删节(shorten, condense, abbreviate)

meteorology /ˌmiːtiə'rɒlədʒi/ *n.* 气象学；气象状态

ornament /'ɔːnəmənt/ *n.* 装饰；装饰物 *vt.* 装饰，修饰，美化

音 频

Word List 7

Unit 1

thrive /θraɪv/ *vi.* 兴旺，繁荣

meager /ˈmiːɡə(r)/ *a.* 贫乏的，不足的 (scanty)

moral /ˈmɒrəl/ *a.* 道德的，伦理的 *n.* ［常*pl.*］品行，道德；寓意，教训

assassin /əˈsæsɪn/ *n.* 暗杀者，刺客

bothersome /ˈbɒðəsəm/ *a.* 令人厌烦的，令人烦恼的 (irritating, annoying)

bandit /ˈbændɪt/ *n.* 强盗(brigand, gangster)

asset /ˈæset/ *n.* 财产；优点

choke /tʃəʊk/ *n.* 窒息；堵塞 *v.* (使)窒息(suffocate, block)

submit /səbˈmɪt/ *vt.* 提交(propose)

format /ˈfɔːmæt/ *vt.* 使格式化 *n.* 安排，计划；版式；格式

forerunner /ˈfɔːrʌnə(r)/ *n.* 先驱，祖先(ancestor, predecessor)

melt /melt/ *n. & v.* 融化，熔化；消散

subordinate /səˈbɔːdɪnət/ *a.* 次要的，附属的(inferior, secondary)

bemoan /bɪˈməʊn/ *vt.* 悲悼；惋惜；感叹

bulk /bʌlk/ *n.* 大批(mass, volume, majority)

haphazard /hæpˈhæzəd/ *n.* 偶然 *a.* 偶然的；无计划的；杂乱无章的

roam /rəʊm/ *v.* 随便走，漫游；徜徉；漫谈某事 *n.* 漫步；徘徊

incongruous /ɪn'kɒŋgruəs/ *a.* 不协调的，不一致的；不适宜的

egoistic /ˌegəʊ'ɪstɪk/ *a.* 自我中心的，自私自利的

eliminate /ɪ'lɪmɪneɪt/ *vt.* 消灭，消除；淘汰 派 limination

congenial /kən'dʒiːniəl/ *a.* 性格相似的；相宜的 (agreeable, pleasing)

rugged /'rʌgɪd/ *a.* 粗糙的，不平的(coarse, rough)

entire /ɪn'taɪə(r)/ *a.* 全部的，整个的 派 entirely

smooth /smuːð/ *v.* 光滑；消除 *a.* 光滑的；平稳的

yield /jiːld/ *n.* 产量 *v.* 出产；放弃

major /'meɪdʒə(r)/ *a.* 主要的 *n.* 专业(学生) *vi.* 主修，专攻 派 majority

filth /fɪlθ/ *n.* 污秽，污物(dirt)；猥亵 派 filthy

splendid /'splendɪd/ *a.* 壮观的，壮丽的，极好的；堂皇的，豪华的；灿烂的，辉煌的

faith /feɪθ/ *n.* 信任，信用；信仰，信条 派 faithful

gild /gɪld/ *vt.* 虚饰(embellish)

aesthetics /iːs'θetɪk/ *n.* 美学；美术理论

cease /siːs/ *v.* 停止，终止

device /dɪ'vaɪs/ *n.* 装置，设备，仪表；方法；设计；手段，策略

clip /klɪp/ *n.* (弹簧)夹子，回形针，别针；弹夹；修剪；剪报，电影(或电视)片断 *v.* (用夹子、回形针等)夹住，扣住；剪，修剪

ken /ken/ *n.* 视野；知识(knowledge)

integral /'ɪntɪgrəl/ *a.* 不可或缺的，构成整体所必需的；完整的，完备的(essential, basic, fundamental)

barge /bɑːdʒ/ *n.* 驳船 *v.* 猛撞；闯

exploit /ɪk'splɔɪt/ *vt.* 剥削；开发(explore) 派 exploitation

depict /dɪ'pɪkt/ *vt.* 描写，叙述(delineate, describe, portray, represent, picture)

ingest /ɪn'dʒest/ *vt.* 咽下，吞下；摄取

historic /hɪ'stɒrɪk/ *a.* 有历史意义的；历史的，历史性的

pack /pæk/ *v.* (把…)打包，收拾(行李)；包装，包裹；塞满 *n.* 包

intense /ɪn'tens/ *a.* 强烈的，剧烈的；紧张的；热情的，热切的 派 intensity; intensive

monstrous /'mɒnstrəs/ *a.* 巨大的(huge)

coddle /'kɒdl/ *vt.* 娇养，溺爱

chide /tʃaɪd/ *vt.* 斥责(blame, rebuke)

gleeful /'gliːfl/ *a.* 极高兴的，兴奋的(delightful, exultant)

grain /greɪn/ *n.* 谷物，谷类；谷粒，细粒，颗粒

quarter /'kwɔːtə(r)/ *n.* 四分之一 *a.* 四分之一的 派 quarterly

discrete /dɪ'skriːt/ *a.* 不连续的；离散的 派 discrepancy

bare /beə(r)/ *a.* 赤裸的，光秃的 *vt.* 露出(expose)

applaud /ə'plɔːd/ *v.* (向…)鼓掌，喝彩；称赞(praise)

ambition /æm'bɪʃn/ *n.* 雄心，抱负；野心 派 ambitious

press /pres/ *n.* 媒体 *v.* 按，压；逼迫 派 pressure

judge /dʒʌdʒ/ *n.* 法官；裁判员 *v.* 审理；鉴定；判断 派 judgment

modulate /'mɒdjuleɪt/ *vt.* 调整(change, modify)

spiritual /'spɪrɪtʃuəl/ *a.* 精神的；心灵的；神圣的

phrase /freɪz/ *n.* 短语，习语；措辞

stretch /stretʃ/ *v.* 伸展；延伸，延续，拉长；使倾注全力，使紧张 *n.* 一段(时间、路程)；伸展，延伸，延续

label /'leɪbl/ *vt.* 贴标签于 *n.* 标签，标记；称号；绰号，外号

imbrute /ɪm'bruːt/ *vt.* 使沦为禽兽，堕落；(使)残忍

scorn /skɔːn/ *n.* 轻蔑，嘲笑 *vt.* 轻蔑，不屑做

recall /rɪ'kɔːl/ *v.* 回忆，回想；召回

concession /kən'seʃn/ *n.* 让步，迁就(compromise, bargain)；特许权；承认，认可

interplay /'ɪntəpleɪ/ *vi. & n.* 相互作用，相互影响

parade /pə'reɪd/ *n. & v.* 游行；炫耀；阅兵

mansion /'mænʃn/ *n.* 大厦；官邸；公寓

patent /'pætnt/ *vt.* 取得专利权 *n.* 专利(权) *a.* 显而易见的；有专利的，受专利保护的

thought /θɔːt/ *n.* 思想；想法，观念 派 thoughtful

breach /briːtʃ/ *n. & v.* 违背(violate)；破裂(opening, break)；突破；(造成)缺口

assure /ə'ʃʊə(r)/ *vt.* 使确信，使确保；保证，向…保证

vehicle /'viːəkl/ *n.* (赖以表达思想、感情或达到目的的)手段；工具

complex /'kɒmpleks/ *n.* 综合体，集合体；建筑群；情结 *a.* 合成的，综合的；复杂的(complicated, tangled)，难懂的 派 complexity; complication

institution /ˌɪnstɪ'tjuːʃn/ *n.* (行业)协会；机构；制度；习俗；团体；设立，制定

lease /liːs/ *n. & v.* 租借，出租

package /'pækɪdʒ/ *n.* 包裹；包装；一揽子交易(或计划、建议等) *vt.* 把…打包；把…装箱；把…装袋(或盒等)；包装

chief /tʃiːf/ *n.* 首领，长官 *a.* 主要的，首要的

optional /'ɒpʃənl/ *a.* 任选的，可自由选择的

menace /'menəs/ *n.* 威胁；危险的人 *vt.* 威胁到，危及

promote /prə'məʊt/ *v.* 促进，推广；提拔

fitness /'fɪtnəs/ *n.* 健康；适合(某事物)

insecure /ˌɪnsɪ'kjʊə(r)/ *a.* 不安全的，不可靠的

anesthesia /ˌænəs'θiːziə/ *n.* 麻醉

forlorn /fə'lɔːn/ *a.* 绝望的；被遗弃的(wretched, lonely)

forthcoming /ˌfɔːθ'kʌmɪŋ/ *n.* 来临 *a.* 即将来临的

auxiliary /ɔːg'zɪliəri/ *a.* 辅助的；补充的；备用的

sedulity /sɪ'djuːləti/ *n.* 勤勉，勤奋(diligence) 派 sedulous

bypass /'baɪpaːs/ *n.* 迂回的旁道，旁路 *v.* 越过；忽视；避开

inert /ɪ'nɜːt/ *a.* 不活泼的(immobile, inactive)，迟钝的

bolt /bəʊlt/ *vt.* 拴住 *vi.* 逃跑 *n.* 螺栓；插销，闩

vision /'vɪʒn/ *n.* 想象力；视力，视觉；梦幻，幻觉 派 visionary

evacuate /ɪ'vækjueɪt/ *v.* 疏散；撤离(remove, depart) 派 evacuation

impact /'ɪmpækt/ *v.* 冲击(affect, influence)

assembly /ə'sembli/ *n.* 集合，集会；装配

delude /dɪ'luːd/ *vt.* 欺骗，迷惑(beguile, deceive, hoax)

precede /prɪ'siːd/ *v.* 领先；在…之前，先于 派 precedent

ominous /'ɒmɪnəs/ *a.* 预兆的，预示的；恶兆的，不祥的

prudent /'pruːdnt/ *a.* 谨慎的；有先见之明的 派 prudence

course /kɔːs/ *n.* 过程，进程；路线，方针；跑道；课程 *v.* 追猎；运行；流动

Unit 2

extenuate /ɪk'stenjueɪt/ *vt.* 使(罪过等)显得轻微(diminish, lessen)

haunt /hɔːnt/ *n.* 常去的场所 *v.* 神鬼出没

foreseeable /fɔː'siːəbl/ *a.* 可预知的，能预测的(predict, foretell)

finance /'faɪnæns/ *vt.* 为…提供资金 *n.* 财政，金融；［常*pl.*］财务情况 派 financial

credit /ˈkredɪt/ *n.* 信誉 (trust, credence) *vt.* 归因于 (accredit, ascribe) 派 credulous; credibility

egalitarian /iˌgælɪˈteəriən/ *a.* 平等主义的 *n.* 平等主义者

quantity /ˈkwɒntəti/ *n.* 数量，数目；量；众多，大宗 派 quantitative

mislead /ˌmɪsˈliːd/ *v.* 误导

configuration /kənˌfɪgəˈreɪʃn/ *n.* 结构，配置；轮廓，外形

debut /ˈdeɪbjuː/ *n.* 首演，初次上场表演

influence /ˈɪnfluəns/ *vt.* 影响(exert) *n.* 影响力；产生影响力的人

intellectual /ˌɪntəˈlektʃuəl/ *n.* 知识分子 *a.* 智力的；理智的

mortal /ˈmɔːtl/ *a.* 终有一死的；致死的，致命的

gauge /geɪdʒ/ *n.* 测量仪表；规格，标准；计量器 *vt.* 测量，度量

systematic /ˌsɪstəˈmætɪk/ *a.* 系统的；分类的；体系的；有条理的

executive /ɪgˈzekjətɪv/ *n.* 行政部门；行政主管 *a.* 经营的；行政的 派 executioner

delight /dɪˈlaɪt/ *n.* 快乐，高兴，喜悦 *v.* (使)高兴，(使)欣喜

hypothesis /haɪˈpɒθəsɪs/ *n.* 假设，假说

ambience /ˈæmbiəns/ *n.* 气氛，情调

upset /ʌpˈset/ *a.* 不安的 *v.* 颠覆，推翻；使不安，烦扰；打乱，搅乱

ventilation /ˌventɪˈleɪʃn/ *n.* 空气流通；通风设备，通风方法

dwell /dwel/ *vi.* 居住(reside, inhabit, live) 派 dwelling

enlighten /ɪnˈlaɪtn/ *v.* 启迪，教化

epoch /ˈiːpɒk/ *n.* 纪元，时代(age, era)

lapse /læps/ *n.* 小错 *v.* 流逝；失效

hilarity /hɪˈlærəti/ *n.* 欢闹

hassle /ˈhæsl/ *n.* 困难，麻烦；分歧，争论

layer /'leɪə(r)/ *n.* 层，层次；阶层

outstanding /aʊt'stændɪŋ/ *a.* 突出的；显著的 *n.* 负债

retrench /rɪ'trentʃ/ *vt.* 紧缩，节约(save)

courtesy /'kɜːtəsi/ *n.* 谦恭；恩惠；礼貌

counteract /ˌkaʊntər'ækt/ *v.* 抵消；中和；阻碍

provision /prə'vɪʒn/ *n.* 供应，(一批)供应品；准备，预备；条款，规定；给养，口粮 派 provisional

indigent /'ɪndɪdʒənt/ *a.* 贫困的，贫穷的

retract /rɪ'trækt/ *v.* 缩回；收回；撤销

tense /tens/ *a.* 紧张的(nervous, strained)

lately /'leɪtli/ *ad.* 最近

encroach /ɪn'krəʊtʃ/ *vi.* 侵入，侵占，侵犯；侵蚀，蚕食(土地)

contravene /ˌkɒntrə'viːn/ *vt.* 反对(contradict, oppose)；违反(break, breach)

output /'aʊtpʊt/ *n.* 产量；输出量；输出功率 *vt.* 输出

suspend /sə'spend/ *vt.* 吊，悬挂；推迟；暂停，中止 派 suspension

wonder /'wʌndə(r)/ *v.* 诧异，奇怪；纳闷，想知道 *n.* 惊奇，惊异；奇迹，奇事

consider /kən'sɪdə(r)/ *v.* 考虑；认为；照顾

aggressive /ə'gresɪv/ *a.* 侵犯的，侵略的，挑衅的；有进取心的，有冲劲的(militant, enterprising)

symbolize /'sɪmbəlaɪz/ *vt.* 作为…的象征，象征；标志；用符号代表

profound /prə'faʊnd/ *a.* 深切的，深远的；知识渊博的，见解深刻的，深奥的(abstruse, recondite)

almond /'ɑːmənd/ *n.* 杏树；杏仁

accurate /'ækjərət/ *a.* 准确的(exact)；正确的(correct) 派 accuracy

gather /'gæðə(r)/ *v.* 聚集，集合，聚拢；收集，采集；逐渐增加；猜想，推测

prophet /'prɒfɪt/ *n.* 预言者，先知 派 prophesy

ordeal /ɔː'diːl/ *n.* 严酷的考验(difficult experience, trial)

taxation /tæk'seɪʃn/ *n.* 课税，征税，抽税；税款，估定的税额

upheaval /ʌp'hiːvl/ *n.* 剧变，动乱

attain /ə'teɪn/ *vt.* 达到；获得；完成 派 attainable

disparity /dɪ'spærəti/ *n.* 差异，不同；不一致

slouch /slaʊtʃ/ *v.* 懒散地站(或坐、走)；低头垂肩地站(或坐、走)

loan /ləʊn/ *n.* 贷款；借出的东西 *v.* 借出

island /'aɪlənd/ *n.* 岛，岛屿；岛状物(孤立状态的物)

bogus /'bəʊgəs/ *a.* 伪造的；假的

exhaust /ɪg'zɔːst/ *v.* 使非常疲倦，使疲惫不堪；用尽，耗尽 *n.* (机器排出的)废气，蒸汽 派 exhausted; exhaustible; exhaustion; exhaustive

cosmetic /kɒz'metɪk/ *n.* 化妆品 *a.* 美容的；装饰性的

momentous /mə'mentəs/ *a.* 极重要的(important, critical)

identical /aɪ'dentɪkl/ *a.* 同一的，同样的

aquarium /ə'kweəriəm/ *n.* 养鱼池；玻璃缸；水族馆

pace /peɪs/ *n.* 步；步速，速度；节奏 *v.* 踱步

consume /kən'sjuːm/ *v.* 消费，消耗(spend) 派 consumption; consumer; consumerism

spray /spreɪ/ *n.* 浪花；喷雾；飞沫 *v.* 喷射，(使)溅洒

dimension /daɪ'menʃn/ *n.* 尺寸，(长、宽、厚、深)度；方面，特点；维，元；［常*pl.*］面积

fume /fjuːm/ *n.* (浓烈或难闻的)烟；气体；一阵愤怒(或不安)

adopt /ə'dɒpt/ *v.* 采用，采取，采纳；收养，领养；正式通过，批准

imperative /ɪm'perətɪv/ *n.* 命令 *a.* 命令的；强制的；紧急的

pragmatic /præg'mætɪk/ *a.* 务实的；实事求是的；实用主义观点的

affluence /'æfluəns/ *n.* 富裕，富足

eligible /'elɪdʒəbl/ *a.* 符合条件的；合格的(desirable, qualified, suitable)

vocation /vəʊ'keɪʃn/ *n.* 职业，行业(occupation, profession)

nascent /'næsnt/ *a.* 新生的；尚不成熟的；尚不发达的

violence /'vaɪələns/ *n.* 暴力行为；激烈，猛烈

bind /baɪnd/ *v.* 捆绑，系；约束；凝结

irrespective /ɪrɪ'spektɪv/ *a.* 不顾的，不考虑的；无关的

sustain /sə'steɪn/ *v.* 支撑，撑住，承受住；维持，保持；经受，遭受，忍耐 派 sustainable

progress /'prəʊgres/ *v.* 前进，发展 派 progressive

entrust /ɪn'trʌst/ *vt.* 委托，交付，托付

incentive /ɪn'sentɪv/ *n.* 诱因，动机；刺激，鼓励，奖励(motivation, impetus)

ceremonious /ˌserə'məʊniəs/ *a.* 隆重的，正式的(formal, solemn)；恭敬的

defy /dɪ'faɪ/ *v.* 不服从，公然反抗；挑衅

heir /eə(r)/ *n.* 继承人

dehydrate /diː'haɪdreɪt/ *v.* (使)脱水 (dry)

extol /ɪk'stəʊl/ *v.* 赞美，颂扬

monopoly /mə'nɒpəli/ *n.* 垄断，专卖；垄断商品，专卖商品

ailment /ˈeɪlmənt/ *n.* 疾病(尤指微恙)；不宁，不安

furnish /ˈfɜːnɪʃ/ *vt.* 供应，供给；装备，布置 (equip, supply, provide)

plethora /ˈpleθərə/ *n.* 过剩，过多

frame /freɪm/ *n.* 帧；画面；框架 *vt.* 给…镶框

scrutiny /ˈskruːtəni/ *n.* 仔细检查；注目；监督

派 scrutinize; scrupulous

bombard /bɒmˈbɑːd/ *vt.* 炮击；轰炸；不断攻击，痛斥；【核】轰击

exceed /ɪkˈsiːd/ *v.* 超出，超过 派 exceedingly

harmful /ˈhɑːmfl/ *a.* 有害的 (dangerous, detrimental)

dose /dəʊs/ *n.* 剂量；(一)剂，(一)服

Unit 3

bald /bɔːld/ *a.* 秃头的，光秃的 (hairless)；单调的；枯燥的

column /ˈkɒləm/ *n.* 柱；柱形物；专栏(文章)，栏目

ideology /ˌaɪdiˈɒlədʒi/ *n.* 意识形态

gully /ˈɡʌli/ *n.* 冲沟；溪谷；峡谷

offspring /ˈɒfsprɪŋ/ *n.* 子孙，后代(descendant)

culmination /ˌkʌlmɪˈneɪʃn/ *n.* 顶点(climax, summit)

instigate /ˈɪnstɪɡeɪt/ *vt.* 鼓动(prompt)

draft /drɑːft/ *n.* 草稿，草案；汇票；征兵，服役；通风，气流 *vt.* 起草，草拟；选派，抽调；征募，征召…入伍

predominant /prɪˈdɒmɪnənt/ *a.* 卓越的，突出的；支配的，主要的；盛行的

injudicious /ˌɪndʒuˈdɪʃəs/ *a.* 欠考虑的，不明智的

pirate /ˈpaɪrət/ *n.* 侵犯版权者；海盗 *vt.* 盗用，盗版

派 piracy

mutate /mjuː'teɪt/ *v.* (使)变异；变化 派 mutation

premise /'premɪs/ *n.* 前提，假设；［常*pl.*］(企业、机构等使用的)房屋和地基，经营场址

genre /'ʒɒnrə/ *n.* 体裁(style)；风格(manner)

camouflage /'kæməflɑːʒ/ *n. & v.* 伪装

fracture /'fræktʃə(r)/ *n.* 断裂，折断；骨折 *v.* (使)断裂 派 fraction

maladroit /ˌmælə'drɔɪt/ *a.* 笨拙的

interrelationship /ˌɪntərɪ'leɪʃnʃɪp/ *n.* 相互关联，相互影响

forgive /fə'ɡɪv/ *v.* 原谅，宽恕

meantime /'miːntaɪm/ *n.* 其间；同时 *ad.* 同时，当时

destination /ˌdestɪ'neɪʃn/ *n.* 目的地，终点；目标

parachute /'pærəʃuːt/ *n.* 降落伞 *v.* 用降落伞投送，空投

freight /freɪt/ *n.* 货物 *vt.* 运送(货物)；货运

dilute /daɪ'luːt/ *v.* 冲淡(thin, weaken)，稀释 *a.* 弱的；稀释的

favourite /'feɪvərɪt/ *a.* 特别喜欢的，宠爱的 *n.* 特别喜欢的人或物；亲信

sneer /snɪə(r)/ *n. & v.* 冷笑，讥笑，嘲笑

bridle /'braɪdl/ *n.* 马勒，缰绳 *v.* 上笼头；昂首(表傲慢、愤怒等)

summarise /'sʌməraɪz/ *v.* 总结，概括 派 summary

biodiversity /ˌbaɪəʊdaɪ'vɜːsəti/ *n.* 生物多样性

garnish /'ɡɑːnɪʃ/ *vt.* 加装饰(adorn, decorate)

blunder /'blʌndə(r)/ *n. & v.* 犯大错(make foolish mistakes, bungle)

ubiquitous /juː'bɪkwɪtəs/ *a.* 无所不在的，普遍存在的

literate /'lɪtərət/ *a.* 有读写能力的；有文化的；博学的

hallmark /'hɔːlmɑːk/ *n.* 特点；标志

irritate /ˈɪrɪteɪt/ *vt.* 使烦躁；使疼痛；刺激 派 irritation; irritable

evolve /iˈvɒlv/ *v.* (使)逐渐形成；(使)演变，(使)进化 派 evolution

justification /ˌdʒʌstɪfɪˈkeɪʃn/ *n.* 认为有理；认为正当；辩护

justifiable /ˈdʒʌstɪfaɪəbl/ *a.* 有理由的，无可非议的

calibre /ˈkælɪbə(r)/ *n.* (枪等的)口径；(人或事的)品质；才能

mainly /ˈmeɪnli/ *ad.* 大体上，主要地

arena /əˈriːnə/ *n.* 竞技场；舞台

guile /gaɪl/ *n.* 狡诈(craftiness, deceit)；诡计

ardent /ˈɑːdnt/ *a.* 极热心的，热情的(passionate, enthusiastic, fervent, zealous)

viable /ˈvaɪəbl/ *a.* 可行的，可实施的；【生】能自行生长发育的

polish /ˈpɒlɪʃ/ *v.* 磨光，擦亮；使优美，润饰 *n.* 擦光剂，上光蜡

metaphor /ˈmetəfə(r)/ *n.* 隐喻，暗喻；象征

rebut /rɪˈbʌt/ *vt.* 反驳；驳回

emeritus /iˈmerɪtəs/ *a.* 保留头衔而退休的，荣誉退休的

proportion /prəˈpɔːʃn/ *n.* 比例；均衡；面积；部分

insecticide /ɪnˈsektɪsaɪd/ *n.* 杀虫剂

delete /dɪˈliːt/ *vt.* 删除(erase, remove from)

momentum /məˈmentəm/ *n.* 动力，冲力，势头；动量

upgrade /ˈʌpgreɪd/ *n.* 向上的斜坡；增加，改善 *vt.* 使(机器等)升级，提高，改进；提拔，提升；改善

enquiry /ɪnˈkwaɪəri/ *n.* 询问；调查；探索

repertoire /ˈrepətwɑː(r)/ *n.* (剧团等)常备剧目；(剧团、演员等的)全部节目

malfunction /ˌmælˈfʌŋkʃn/ *n.* 故障；事故

layoff /ˈleɪɒf/ *n.* 裁员；停工

career /kə'rɪə(r)/ *n.* 生涯，职业(profession, pursuit, vocation)

decent /'diːsnt/ *a.* 大方的，体面的，像样的；正派的，合乎礼仪的 派 decency

marital /'mærɪtl/ *a.* 婚姻的(wedded, conjugal)

extraordinary /ɪk'strɔːdnri/ *a.* 非凡的，特别的(remarkable, outstanding)

abominable /ə'bɒmɪnəbl/ *a.* 讨厌的，令人憎恶的；糟糕的

fasten /'fɑːsn/ *v.* 扎牢，扣住

decree /dɪ'kriː/ *n.* 法令；政令；判决(order) *v.* 发布命令，下令(dictate)

consolidate /kən'sɒlɪdeɪt/ *v.* 巩固；合并

aptitude /'æptɪtjuːd/ *n.* 才能，天资(talent, gift)，天赋，天生的才能

wicked /'wɪkɪd/ *a.* 坏的，邪恶的

solidify /sə'lɪdɪfaɪ/ *v.* 巩固，确保；凝固，(使)固化；团结

overwhelming /ˌəʊvə'welmɪŋ/ *a.* 压倒性的；势不可挡的

intend /ɪn'tend/ *v.* 想要，打算

exterior /ɪk'stɪəriə(r)/ *n.* 外部；表面 *a.* 外部的，外在的；表面的

cover /'kʌvə(r)/ *vt.* 盖，覆盖；包含，包括；走过(一段路)；适用于；报道，采访；给…上保险，足够支付；用枪掩护 *n.* 盖子，套子；封面；掩蔽(物)，掩护(物) 派 coverage

contradictory /ˌkɒntrə'dɪktəri/ *a.* 矛盾的；反驳的(opposing) 派 contraction

absolute /'æbsəluːt/ *a.* 绝对的(sheer)

funeral /'fjuːnərəl/ *n.* 葬礼 *a.* 葬礼的

spontaneous /spɒn'teɪniəs/ *a.* 自发的，本能的(impulsive, involuntary)

trivialize /'trɪviəlaɪz/ *vt.* 使显得不重要，轻视，淡化 (trifling, petty *a.*)

incriminate /ɪn'krɪmɪneɪt/ *vt.* 控告(accuse)；使负罪

introduce /ˌɪntrə'djuːs/ *vt.* 介绍；传入，引进；提出；采用，推行

blaze /bleɪz/ *v.* 熊熊燃烧；发(强)光；迸发 *n.* 火焰

susceptible /sə'septəbl/ *a.* 易受影响的，易受伤害的；易受感染的；(人)敏感的，易动感情的；能经受…的，容许…的

advertise /'ædvətaɪz/ *vt.* 为…做广告；宣传；(在报刊、电视、广播中)公告，公布 派 advertisement

acclaim /ə'kleɪm/ *v.* 喝彩，欢呼(applaud)；称赞 (approve, praise)；欢迎

mercy /'mɜːsi/ *n.* 仁慈，怜悯；宽恕

final /'faɪnl/ *a.* 最后的(ultimate)

dividend /'dɪvɪdend/ *n.* 红利，股息；回报，效益；被除数

express /ɪk'spres/ *vt.* 表达，表示 *a.* 特快的，快速的；明确的 *n.* 快车，快运，快递 派 expression; expressive

salvage /'sælvɪdʒ/ *n. & v.* (从火灾及其他灾难中)挽救，抢救 派 salvation

lawyer /'lɔːjə(r)/ *n.* 律师 (solicitor, barrister)

enable /ɪ'neɪbl/ *vt.* 使能够，使成为可能

multitude /'mʌltɪtjuːd/ *n.* 众多(host, mass)

fix /fɪks/ *v.* 固定(set, determine) 派 fixed

legislate /'ledʒɪsleɪt/ *vi.* 立法，制定(或通过)法律 派 legislation; legislative; legitimate

corpus /'kɔːpəs/ *n.* 文集，文献，汇编；语料库

collect /kə'lekt/ *v.* 收集，搜集；领取，接走；收(税等)；聚集；积累 派 collection

attempt /ə'tempt/ *n.* 努力(effort, endeavor)；尝试 *vt.* 尝试(try)

succinct /sək'sɪŋkt/ *a.* 简明的，简洁的(terse, concise)
humane /hjuː'meɪn/ *a.* 善良的，人道的，仁慈的，慈悲的；(指学科)促进文明或教化的，人文的 派 humanitarian; humanity; humankind
abbreviate /ə'briːvieɪt/ *v.* 缩写；缩短；简化
impel /ɪm'pel/ *vt.* 推进，驱使(compel, propel)

Unit 4

heater /'hiːtə(r)/ *n.* 加热器，暖气
propel /prə'pel/ *vt.* 推进，促进(drive, push forward, stimulate, impel)
launch /lɔːntʃ/ *vt.* 将…投放市场；开始从事，发动，发起；发射 *n.* 发射；(产品)上市
logistics /lə'dʒɪstɪks/ *n.* 后勤学，后勤；物流
adulthood /'ædʌlthʊd/ *n.* 成年；成人期
odds /ɒdz/ *n.* 可能性，几率；希望；胜算
prescription /prɪ'skrɪpʃn/ *n.* 处方，药方
curtail /kɜː'teɪl/ *vt.* 缩减(cut back, reduce)，削减；剥夺
implement /'ɪmplɪment/ *vt.* 实现(carry out, fulfil, execute)
issue /'ɪʃuː/ *n.* 问题，争论点；发行；(报刊的)一期；分发，流出 *vt.* 颁布；发行；流出；分发，发给
worship /'wɜːʃɪp/ *n. & v.* 崇拜；尊敬
vigilant /'vɪdʒɪlənt/ *a.* 警惕着的，警醒的(alert)
派 vigilance
curb /kɜːb/ *vt.* 控制，抑制，约束 *n.* 路缘，(街道的)镶边石；马勒；起限制作用的事物
diagnose /'daɪəgnəʊz/ *v.* 诊断；判断
fallow /'fæləʊ/ *a.* (土地)休耕的；休闲的

falter /'fɔːltə(r)/ *v.* 踌躇；迟疑；支吾

fierce /fɪəs/ *a.* 凶猛的；猛烈的

foe /fəʊ/ *n.* 反对者；敌人 (enemy, opponent)；危害物

perdition /pɜː'dɪʃn/ *n.* 毁灭，灭亡

prodigal /'prɒdɪgl/ *a.* 浪费的(extravagant, wasteful)

inviting /ɪn'vaɪtɪŋ/ *a.* 诱人的(attractive)；引人注目的

reclaim /rɪ'kleɪm/ *vt.* 纠正；要求归还，收回；开垦(土地)

context /'kɒntekst/ *n.* 上下文；背景；环境 派 contextual

vendor /'vendə(r)/ *n.* 卖主，供应商

conceal /kən'siːl/ *vt.* 把…隐藏起来(hide)；隐瞒；掩盖

insult /ɪn'sʌlt/ *vt. & n.* 侮辱，凌辱

bring /brɪŋ/ *v.* 带来，拿来；把…引来；促使，说服，劝使；使发生；使处于某种状态

sanctuary /'sæŋktʃuəri/ *n.* 圣堂，圣殿，圣坛；圣地；庇护所，避难所；禁猎区，动物保护区

wayward /'weɪwəd/ *a.* 任性的，倔强的；难以捉摸的

join /dʒɔɪn/ *v.* 参加，加入；链接；结合

mutual /'mjuːtʃuəl/ *a.* 相互的；共同的

grip /grɪp/ *v.* 握紧，抓牢；吸引住…的注意力(或想象力等) *n.* 紧握，抓牢；掌握，控制

momentary /'məʊməntri/ *a.* 瞬间的；短暂的

baggage /'bægɪdʒ/ *n.* 行李(luggage, packing)

delegate /'delɪgət/ *n.* 代表(representative) *vt.* 委派…为代表(appoint, assign)

wane /weɪn/ *v.* 衰落；退潮；消逝；消失

studious /'stjuːdiəs/ *a.* 好学的，学习勤勉的；专心的；谨慎的，认真的，仔细的

circumscribe /'sɜːkəmskraɪb/ *vt.* 划界限；限制(encompass, encircle)

dynamic /daɪ'næmɪk/ *a.* 动力的；活跃的，充满活力的，精力充沛的

exit /'eksɪt/ *n.* 退场；出口(outlet, way out)

refund /'riːfʌnd/ *v.* 退还，偿还 *n.* 归还；偿还额；退款

派 refundable

gabble /'gæbl/ *v.* 急促而不清楚地说出

venerate /'venəreɪt/ *vt.* 敬拜，崇拜(respect, revere)

派 venerable

bother /'bɒðə(r)/ *v.* 打扰，烦扰；烦恼，操心 *n.* 麻烦，烦扰

function /'fʌŋkʃn/ *vi.* 运行，起作用 *n.* 功能；职责，作用；函数

incense /'ɪnsens/ *a.* 不悦的，愠怒的(bad-tempered, petulant)

vanity /'vænəti/ *n.* 自大；虚荣；空虚

lax /læks/ *a.* 懒散的；松弛的，不严格的，马虎的

avenge /ə'vendʒ/ *vt.* 报仇，复仇，向(某人)报仇

gallant /'gælənt/ *a.* 英勇的(courageous, heroic)

adjoining /ə'dʒɔɪnɪŋ/ *a.* 接近的，邻接的(adjacent, neighboring)

elite /eɪ'liːt/ *n.* 精华；精锐；中坚分子 *a.* 精英的，最优秀的

admire /əd'maɪə(r)/ *vt.* 钦佩(respect)；赞美，夸奖

blueprint /'bluːprɪnt/ *n.* 蓝图；方案

proponent /prə'pəʊnənt/ *n.* 支持者，拥护者

feign /feɪn/ *vt.* 假装(simulate, sham)

allowance /ə'laʊəns/ *n.* 津贴；允许，容忍

edify /'edɪfaɪ/ *v.* 陶冶，教化；启发，启迪

recite /rɪ'saɪt/ *v.* 背诵；朗读；叙述

collision /kə'lɪʒn/ *n.* 碰撞，冲突(crash)

beg /beg/ *v.* 祈祷；请求

howl /haʊl/ *vt.* 咆哮(wail, bawl) *v.* (鸟等)翱翔，盘旋；逗留在近旁，徘徊；彷徨，犹豫

elicit /i'lɪsɪt/ *v.* 得出；引出；诱出 派 elicitation

beam /biːm/ *n.* (光线等的)束；梁；笑容，喜色 *v.* 面露喜色；发射电波，播送

emphasize /'emfəsaɪz/ *vt.* 强调，着重(underscore, underline, highlight, stress, accentuate) 派 emphasis

fuel /'fjuːəl/ *n.* 燃料 *v.* 添加燃料；助长

suppress /sə'pres/ *vt.* 压制，镇压；禁止发表，查禁；抑制(感情等)，忍住；阻止…的生长(或发展) 派 suppression

austere /ɒ'stɪə(r)/ *a.* 严峻的；严厉的；简朴的

enlist /ɪn'lɪst/ *v.* 征募；从军，参军；谋取(帮助、支持等)

escalate /'eskəleɪt/ *v.* (使)逐步增长或发展，(使)逐步升级

religion /rɪ'lɪdʒən/ *n.* 宗教；宗教信仰 派 religious

exterminate /ɪk'stɜːmɪneɪt/ *vt.* 消灭(eradicate, eliminate)

grief /griːf/ *n.* 悲痛，忧伤；不幸 派 grievance; grieve

litter /'lɪtə(r)/ *v.* 使乱七八糟；乱扔 *n.* 废弃物，垃圾；一窝幼崽

oblivion /ə'blɪviən/ *n.* 忘却，遗忘

slump /slʌmp/ *vi.* 大幅度下降，暴跌；突然倒下，猛然落下 *n.* 萧条期；低潮状态

myriad /'mɪriəd/ *n.* 无数；极多 *a.* 无数的

encounter /ɪn'kaʊntə(r)/ *v.* 邂逅，遭遇

reverse /rɪ'vɜːs/ *n.* 相反，颠倒；背面，后面 *a.* 相反的；倒转的，颠倒的 *v.* 颠倒，(使)倒退

slacken /'slækən/ *v.* (使)松弛(loosen, slow down)，放松；放慢；萧条

monologue /'mɒnəlɒg/ *n.* 独白；独角戏；长篇大论

effect /ɪ'fekt/ *n.* 结果；效果，作用 *vt.* 招致；实现，达到 派 effective

contrite /kən'traɪt/ *a.* 悔悟的(repentant, remorseful)

crusade /kruː'seɪd/ *n.* 十字军(远征)；斗争，运动 *v.* 加入十字军，投身正义运动

incorporate /ɪn'kɔːpəreɪt/ *vt.* 把…合并，纳入；包含，吸收

backlash /'bæklæʃ/ *n.* 后冲；强烈反对；强烈抵制

balmy /'bɑːmi/ *a.* 温和的(mild, temperate, moderate)

fortify /ˈfɔːtɪfaɪ/ *vt.* 加强(strengthen, reinforce)

blame /bleɪm/ *n.* 过失；责备 *v.* 责备，谴责

snazzy /ˈsnæzi/ *a.* 时髦的；华丽的

expose /ɪkˈspəʊz/ *vt.* 使暴露，揭露 (uncover)

派 exposure; exposition

remedy /ˈremədi/ *n.* 治疗法；药物 *vt.* 治疗(cure, rectify)

despoil /dɪˈspɔɪl/ *vt.* 抢夺，掠夺；蹂躏，破坏

heighten /ˈhaɪtn/ *v.* (使)增强，(使)加剧(intensify)

cube /kjuːb/ *n.* 立方形；立方

carnage /ˈkaːnɪdʒ/ *n.* 大屠杀，残杀(massacre, slaughter)

vacuum /ˈvækjuəm/ *n.* 真空；［常*pl.*］真空吸尘器 *v.* 用吸尘器清扫

doctrine /ˈdɒktrɪn/ *n.* 教条；学说；主义；(政府政策的)正式申明

economize /ɪˈkɒnəmaɪz/ *vi.* 节俭(save, cut costs)

corpulent /ˈkɔːpjələnt/ *a.* 肥胖的

Unit 5

mechanical /məˈkænɪkl/ *a.* 机械的，机械制造的；呆板的；习惯性的；体力的 派 mechanics; mechanism

disdain /dɪsˈdeɪn/ *vt.* 轻视，不屑(despise, scorn) *n.* 轻蔑

dismiss /dɪsˈmɪs/ *vt.* 开除，解职，使(或让)离开(boot, bounce)

disillusion /ˌdɪsɪˈluːʒn/ *n.* 觉醒；幻灭 *v.* 给…泼冷水；使幻想破灭

aspire /əˈspaɪə(r)/ *vi.* 热望(crave, yearn)；追求，有志于

派 aspiration

martial /ˈmaːʃl/ *a.* 战争的，军事的；尚武的；威武的

deny /dɪˈnaɪ/ *v.* 否认；拒绝给予

dye /daɪ/ *n.* 染料 *v.* (被)染色

donate /dəʊ'neɪt/ *vt.* 捐赠(contribute, present)

派 donation; donator

integrity /ɪn'tegrəti/ *n.* 正直；完整，完整性

hypnotic /hɪp'nɒtɪk/ *a.* 催眠的 *n.* 催眠药 派 hypnotize

boost /buːst/ *vt.* 使增长，使兴旺；鼓励，促进；为…做宣传，宣扬 *n.* 增加，提高；帮助，激励

astray /ə'streɪ/ *ad.* 迷路地；误入歧途地

homogeneous /ˌhɒmə'dʒiːniəs/ *a.* 同种类的，由相同(或同类型)事物(或人)组成的(identical, kindred, uniform)

prototype /'prəʊtətaɪp/ *n.* 原型；样品；雏形

intonation /ˌɪntə'neɪʃn/ *n.* 语调，声调

immense /ɪ'mens/ *a.* 极广大的；无边的；巨大的

fanaticism /fə'nætɪsɪzəm/ *n.* 狂热，盲从

discord /'dɪskɔːd/ *n.* 不和；纷争；嘈杂声

dictatorship /ˌdɪk'teɪtəʃɪp/ *n.* 专政

fortitude /'fɔːtɪtjuːd/ *n.* 坚忍，刚毅(endurance, courage)

grant /grɑːnt/ *n.* 授予物；补助金，助学金，津贴；授权 *v.* 同意，承认；给予，授予

subsidise /'sʌbsɪdaɪz/ *v.* 资助；给(某人)津贴

lure /lʊə(r)/ *vt.* 诱惑(entice, tempt)

relinquish /rɪ'lɪŋkwɪʃ/ *v.* 放弃(resign, yield, abandon, cede, waive)

jam /dʒæm/ *n.* 堵塞；果酱 *v.* 挤满；堵塞

segment /'segmənt/ *n.* 部分，片段(part, section, portion, sector)

quote /kwəʊt/ *n.* 引文，引语；估价，报价；［常*pl.*］引号 *v.* 引用，引述，引证；提出，提供；报价

optimism /'ɒptɪmɪzəm/ *n.* 乐观，乐观主义 派 optimistic

dumb /dʌm/ *a.* 哑的，无言的

familiar /fə'mɪliə(r)/ *a.* 熟悉的；通晓的；亲密的

govern /'gʌvn/ *v.* 统治，管理；控制，支配 派 government

succeed /sək'siːd/ *v.* 成功；接着发生 派 success

profile /'prəʊfaɪl/ *n.* 面部的侧影，侧面轮廓；传略，人物简介 *vt.* 扼要介绍；写传略(或简介)

brisk /brɪsk/ *a.* 轻快的；活泼的；兴隆的

date /deɪt/ *n.* 日期；约会 *v.* 约会；追溯；确定年代

acoustic /ə'kuːstɪk/ *a.* 有关声音的，声学的，音响学的

define /dɪ'faɪn/ *v.* 解释；限定；定义

devoid /dɪ'vɔɪd/ *a.* 全无的；缺乏的(lacking)

carve /kɑːv/ *v.* 雕刻；切开

rehearse /rɪ'hɜːs/ *vt.* 排练，排演；(通过反复排演)训练(演员等)；叙述，详述；(尤指)复述；高声朗读 派 rehearsal

default /dɪ'fɔːlt/ *n.* & *v.* 拖欠；违约；不履行责任

mock /mɒk/ *a.* 假的；模拟的 *n.* 嘲弄；模仿，仿制品 *v.* 嘲笑，嘲弄

panic /'pænɪk/ *a.* 恐慌的 *n.* 恐慌，惊惶 *v.* (使)惊慌失措

agency /'eɪdʒənsi/ *n.* 机构；代理，代办

jargon /'dʒɑːgən/ *n.* 行话，行业术语；黑话

levy /'levi/ *v.* 征税

ample /'æmpl/ *a.* 充足的，丰富的

bland /blænd/ *a.* 无刺激性的(食物等)(mild, gentle)

spouse /spaʊs/ *n.* 配偶

acuminous /ə'kjuːmɪnəs/ *a.* 锐利的，敏锐的

barren /'bærən/ *a.* (土地等)贫瘠的，荒芜的；不结果实的，不育的；无益的，无效果的

achieve /ə'tʃiːv/ *vt.* 完成，实现(accomplish, fulfil) 派 achievement

exhume /eks'hjuːm/ *vt.* 掘出(excavate, dig)

conserve /kən'sɜːv/ *vt.* 保护；保存，贮藏(preserve, store, retain)；节约 派 conservative; conservation

deal /diːl/ *n.* 协定；交易 *v.* 处理；打交道 派 dealer

emotive /iˈməʊtɪv/ *a.* 使感动的；感情的；动感情的 派 emotionally

enigma /ɪˈnɪgmə/ *n.* 谜；不可思议的东西

gullibly /ˈgʌləblɪ/ *ad.* 轻信地，易受欺骗地

stern /stɜːn/ *a.* 严格的(harsh, hard, strict)；僵化的

unfeigned /ʌnˈfeɪnd/ *a.* 非假装的，真诚的(sincere)

tan /tæn/ *n.* 棕褐色；晒黑 *v.* (使)晒成棕褐色，晒黑；硝(皮)

district /ˈdɪstrɪkt/ *n.* 地区，区域；行政区

passion /ˈpæʃn/ *n.* 激情，热情 派 passionate

impatient /ɪmˈpeɪʃnt/ *a.* 不耐烦的，急躁的，没耐心的

medical /ˈmedɪkl/ *a.* 医学的，医疗的；内科的

discriminate /dɪˈskrɪmɪneɪt/ *v.* 歧视；区别；辨出

callous /ˈkæləs/ *a.* 无情的，冷酷的(insensitive, heartless)

exhibit /ɪgˈzɪbɪt/ *n.* 展览品，陈列品 *v.* 展出；显示，显露 派 exhibition

holy /ˈhəʊli/ *a.* 神圣的，圣洁的

cripple /ˈkrɪpl/ *n.* 跛子 *v.* 致残；严重损坏或削弱

premium /ˈpriːmiəm/ *a.* 高级的，优质的；售价高的 *n.* (投保人向保险公司支付的)保险费

huddle /ˈhʌdl/ *n.* 杂乱一团，混乱 *v.* 挤作一团；草率了事

reckless /ˈrekləs/ *a.* 鲁莽的，不顾后果的

volatile /ˈvɒlətaɪl/ *a.* 善变的；可变的；不稳定的

sojourn /ˈsɒdʒən/ *vi.* 逗留，寄居(stay)

adorable /əˈdɔːrəbl/ *a.* 讨人喜欢的，可爱的

shamble /ˈʃæmbl/ *v.* 蹒跚，踉跄，摇晃不稳

impulsive /ɪmˈpʌlsɪv/ *a.* 推动的(propelling, driving)

emboss /ɪmˈbɒs/ *vt.* 使…凸出；压花(纹)

chink /tʃɪŋk/ *n.* 裂缝，裂口；一缕光；叮当声 *v.* (使)发出叮当声

well-rounded /ˌwelˈraʊndɪd/ *a.* (指人的身体)丰满的；广泛的，面面俱到的；多才多艺的

facilitate /fəˈsɪlɪteɪt/ *vt.* 使便利，使容易；推动，帮助

cement /sɪˈment/ *n.* 水泥；接合剂 *v.* 接合；巩固，加强

overshadow /ˌəʊvəˈʃædəʊ/ *vt.* 给…蒙上阴影；使扫兴；使黯然失色

milestone /ˈmaɪlstəʊn/ *n.* 里程碑；重要事件；转折点

overload /ˌəʊvəˈləʊd/ *vt.* 使超载；使过载；装填…过满；使负担过重 *n.* 超载，超负荷；过满装填；过重负担

terminal /ˈtɜːmɪnl/ *n.* 终点站；终端 *a.* 末端的；终点的；(疾病)晚期的，不治的

account /əˈkaʊnt/ *v.* 说明，解释；(在数量、比例方面)占；导致 *n.* 账，账户；叙述，说明

apron /ˈeɪprən/ *n.* 围裙；外表或作用类似围裙的东西

delay /dɪˈleɪ/ *n. & vt.* 推迟，耽搁，延误(detain, postpone)

ageing /ˈeɪdʒɪŋ/ *n.* 成熟，变老；变老的过程；随时间流逝而发生的变化

misfortune /ˌmɪsˈfɔːtʃuːn/ *n.* 不幸，灾祸

examine /ɪgˈzæmɪn/ *vt.* 检查；调查，研究；测验
派 examination

underneath /ˌʌndəˈniːθ/ *ad.* 在下面 *prep.* 在…下面 *n.* 下部

hiccup /ˈhɪkʌp/ *n.* 嗝，呃逆；暂时(或小的)困难(或挫折) *vi.* 打嗝

import /ˈɪmpɔːt/ *v.* 进口，输入

hoax /həʊks/ *n. & vt.* 愚弄(trick，prank)

accomplice /əˈkʌmplɪs/ *n.* 从犯(accessory)；同谋者，帮凶

fatal /ˈfeɪtl/ *a.* 致命的(lethal)；重大的(critical)，命运注定的
派 fatalty

雅思考试，先记住这些词根词缀

1. sorb 吸收
2. cess 走
3. ex 出
4. reg 统治
5. ent 表人
6. hier 神圣
7. arch 统治
8. philo 爱
9. soph 聪明
10. chron 时间
11. sub 下面
12. frequ 频繁、频率
13. var 变化
14. im, in 进入，内向
15. migr 迁移
16. physic 医学
17. equ 相等
18. cav 洞
19. mut 变化
20. com 共同，一起
21. inter 在…之间
22. medi 中间
23. vas 走
24. spir 呼吸
25. dis 去掉、不
26. vent 来
27. grav 重的
28. vers 转
29. ject 扔
30. pre 在前面
31. plic 重叠
32. vari 变化
33. re 重新、再、又
34. tent, tend 伸展
35. em 使
36. ify 使…
37. op 反
38. rud 天然
39. stant 站立
40. liter 字
41. fer 拿来、带来
42. de 向下
43. duc 拉
44. ab 表加强
45. volunt 意愿
46. uni 单一
47. que 有…特点的
48. amb 周围

49. en 使…
50. in 不
51. cred 相信
52. gen 产生
53. main, mani, manu 手
54. cept 拿，取
55. ultim 最后
56. reg 统治
57. min 小
58. fin 最后，界限，范围
59. anthrop 人类
60. olog(y) …学
61. avi 鸟
62. lingu 语言
63. ocul 眼睛
64. graphy 写
65. priv 单个
66. leg 法律
67. infra 在…下面
68. loc 地方
69. pand 张开
70. nutri 营养
71. cens 审查；评估
72. her 粘附；遗传
73. vac 空
74. lev 举起
75. sequ 后续、继续
76. eco 生态；经济
77. con 共同，表加强
78. trans 穿过，越过，改变
79. vapor 水汽
80. med 医疗，治疗
81. rad 光线
82. pris 抓住
83. let 表小东西
84. ary 表场所
85. cracy 统治
86. ann, enn 年
87. pict 描写，画
88. calcul 计算
89. lux 光
90. dorm 睡眠
91. dur 持续
92. bene 善，好
93. fact, fect 做
94. orn 装饰
95. pro 在前面
96. pos 放
97. solu 溶解，解开
98. act 做
99. maj 大
100. anti 反；前
101. dot 给予，捐赠
102. cas 落下
103. cel 天空
104. serv 保持
105. limin 界限
106. clud 关闭
107. lau 洗
108. tribut 给予

109. prob 检查，试验
110. vast 空
111. optim 最好
112. mens 测量
113. ana 贯穿
114. dict, phas 说
115. sens 感觉
116. aud(i) 听
117. reck 注意、留心
118. hab 住、生活
119. pend 悬挂
120. homo 同类
121. vis 看见
122. terr 地
123. dynam 力量
124. pest 瘟疫
125. cide 杀
126. ceed 走
127. mot 动
128. acro 高
129. sembl 一样、相等
130. preci 价值
131. splend 明亮
132. not 知道
133. ify 使…
134. gno(r) 知道
135. ab 离去
136. magn 大
137. nav 船
138. struct 建立
139. junct 连接
140. just 正确的
141. arthr 连结；关节
142. cosm 宇宙
143. tract 拉，拽
144. clar 清楚
145. machin 机械
146. strict 严格的
147. aqu(a) 水
148. later 侧面
149. aero 空气
150. port 运、拿
151. san 健康
152. semi 半
153. contro 相反
154. horr 害怕
155. memor 记忆
156. crit 判断
157. audac 大胆
158. lexico 词
159. nerv 体力，神经，勇气
160. phen 出现
161. omen 预兆
162. vuln 受伤
163. sanct 神圣
164. cau 小心
165. nomin 名字、名目
166. quir 追求
167. tox 毒
168. simul 相同

169. rid 笑
170. viv,vit 生活，生命
171. flam 燃烧
172. spect 看
173. agri 田地，农业
174. micro 微，小
175. astro 星星
176. arti 技巧
177. contra 相反
178. col 一起
179. lect 收集，讲，选择
180. scrib 写
181. ped 脚
182. tele 远
183. scop 看
184. herb 草
185. sect 切割
186. glac 冰
187. vinc 征服，克服
188. prim 第一
189. sym 共同
190. soci 同伴，结交
191. text 编织
192. imit 模仿
193. pens 悬挂
194. termin 边界
195. liqu 液体
196. culmin 顶
197. ous 多…的
198. bin(o) 双，两
199. sacr 神圣的
200. peri 周围
201. acu 尖，锐利，酸
202. ortho 正
203. ampl 大
204. alter 其他的
205. cipher 密码
206. meteor 陨石，天气
207. ology …学
208. hemi 半
209. spher 球
210. sui 自己
211. cid 杀
212. bi 双
213. alt 高
214. per 贯穿
215. flex 弯曲
216. anim 生命，精神
217. techn 技艺
218. hale 气
219. corp 身体
220. syn 共同
221. popul 人民
222. claim 大声呼喊
223. multi 多的
224. gram 写，图
225. centi 一百
226. rur 乡村
227. merg 浸没
228. auto 自己

229. cred 相信
230. ibility 可…性
231. tail 切割
232. ician 表人
233. geo 地
234. mater 母亲
235. leth 死，僵
236. neg 否定
237. punct 刺
238. rept 爬
239. circum 绕圈
240. lucid 清晰的
241. journ 日
242. mir 惊奇
243. patr 父亲、祖国
244. ident 一样的、相同的
245. milit 打架
246. dys 坏
247. turb 晃动，动摇
248. out 超过
249. solid 坚实的
250. capt 抓住
251. sur 在…之上
252. insul 岛
253. decor 装饰
254. mari 海
255. extro 外
256. tempor 时间
257. hib 拥有
258. rect 直的
259. digit 手指、脚趾
260. glob 球体
261. helic 螺旋
262. flu 流动
263. sert 放置
264. cert 确认
265. dia 穿过
266. meter 测量
267. merc 交易
268. fac 面
269. long 长
270. crastin 明天
271. se 分离
272. clud 关闭
273. mono 单个
274. poly 多
275. bryo 变大
276. val 价值
277. orb 轨道
278. bide 停留
279. oxy 酸
280. fliot 打
281. fens 打
282. ting 刺
283. ulter 远
284. nov 新
285. pover 贫困
286. ali 其他的
287. miser 同情
288. ciner 灰

289. tim 害怕
290. sal 盐
291. sed 坐
292. sat 充足
293. rig 直的、正确的
294. pur 干净的
295. greg 群体
296. vulg 人们，大众
297. cor 心
298. sem 符号，意义
299. par 平等
300. pred 掠夺
301. mill 千
302. viol 违反，冒犯
303. pen 惩罚
304. aug 增加
305. bio 生命
306. hum 人
307. ac 表加强
308. mori 死
309. mod 样式、模式
310. mal 坏